AUF CAFÉ-TOUR

Wir danken allen, die mit viel Einsatz und Engagement zur Entstehung dieses Buches beigetragen haben:

Hartmut Kiesewetter, Caroline Kiesewetter, Ralf Stech, Frauke und Friedel Köster, Jutta Behmer, Marion Schacht, Kerstin Meurer, Agnieszka und Zenon Ringwelska, Sven Schumacher, Frank Weidner, Beatrix Vieweg, Dorothea und Sebastian Matz, Tanja Nissen, Martina Steffens, Britta Fischer, Jan-Hendrik Stahlberg, Jutta Stahlberg, Jörn Trantow, Luzy und Carsten Carstensen, Regina Niedermeier, Martina Rughase, Gesa Hansen, Robert Stegmüller, Nicole Trapper, Andrea Simons, Helmut Radtke, Christiane Tepker, Jaqueline Honnens, Astrid Wollatz, Marianne Hanke, Renate Otto, Anja Andersen, Merlene Michalek, Anke Greve, Wibke Borns, Bea Tebbe.

**BOYENS**
BUCHVERLAG

ISBN 978-3-8042-1512-2

© 2019 by Boyens Buchverlag GmbH & Co. KG, Heide
Alle Rechte vorbehalten
Autoren: Marion Kiesewetter, Kathrin Kiesewetter
Redaktion: Marion Kiesewetter, Kathrin Kiesewetter
Fotos: René Kühl
Herstellung: Boyens Buchverlag
Herstellungsbetreuung: Heidrun Bielert
Gestaltung & Layout: Dörte Kromrei
Gestaltung Ausflugstipps: Christiane Hagge
Karte: Hanna Petersen
Druck und Bindung: Belvédère Art Books Oosterbeek, die Niederlande
www.TheArtOfMakingBooks.de
Printed in EU

www.boyens-buchverlag.de

Marion Kiesewetter · Kathrin Kiesewetter
Fotos: René Kühl

# Auf Café-Tour

## Die schönsten Cafés und Ausflugsziele im Norden

**BOYENS**

# WO LIEGEN DIE CAFÉS?

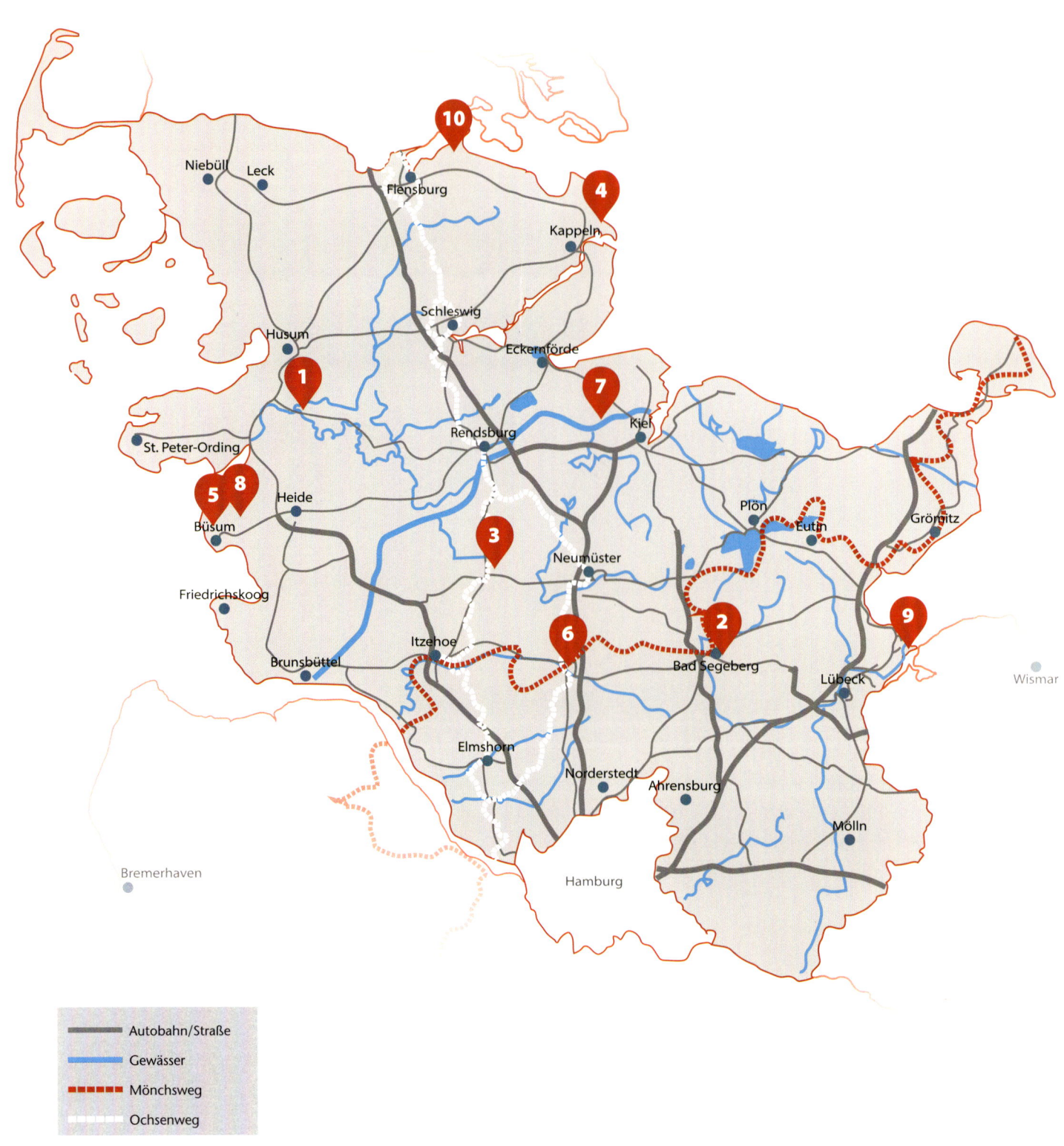

# INHALT

## LIEBE LESERINNEN, LIEBE LESER,

auf der stetigen Suche nach den schönsten Cafés im Norden haben wir auf unseren vielen Reisen immer wieder festgestellt, wie viel dieses wunderschöne Land zwischen den Meeren zu bieten hat. Es gibt ständig Neues zu entdecken: vieles, das wir noch nicht kannten, und einiges, das wir ganz vergessen hatten. Wir fingen an, diese neuen und auch alten wunderschönen Eindrücke zu sammeln, und so entstand die Idee zu diesem Buch.

Wir haben für Sie zehn bezaubernde Cafés ausgewählt, deren BäckerInnen uns ihre köstlichsten Torten- und Kuchenrezepte verraten haben. Genießen Sie auf Ihrem kulinarischen Ausflug zum gemütlichen Kaffeetrinken in besonderem Ambiente oder in freier Natur auf der Terrasse die Schönheit unserer Landschaft. Neben der Präsentation der Cafés schlagen wir Ihnen in prägnanten Stichworten auch zahlreiche Ausflugstipps für Aktivurlauber und Radwanderer vor und geben Ihnen eine Übersicht über die wichtigsten Sehenswürdigkeiten, Musikfestivals, Sport-Events, Ausstellungen und Märkte in der Umgebung der Cafés. Entdecken Sie Kleinode wie Museen, erkunden Sie charmante Altstädte und fast verborgene Winkel, und besuchen Sie geschichtsträchtige Orte wie wunderschöne Schlösser und Kirchen. Rund um das Jahr finden eine Fülle an Veranstaltungen statt.

Kommen Sie mit uns auf Café-Tour.


Herzlichst
Ihre


Marion und Kathrin Kiesewetter

# Prinzenstube

FRIEDRICHSTADT

Eigentlich suchten Frank Weidner und Sven Schumacher neue Büroräume und dann kam alles ganz anders.

In der Prinzenstraße im Holländerstädtchen Friedrichstadt zwischen Eider und Treene verliebten sie sich in das wunderschöne, 1852 erbaute Haus, in dem im unteren Teil bis dahin Gastronomie betrieben wurde. Aus Plan A wurde Plan B, und aus der Suche nach einer beruflichen Bleibe wurde eine Berufung: „Hier eröffnen wir ein Café und Restaurant!". Sie erwarben das Haus und renovierten es in kompletter Eigenleistung mit viel Liebe zum Detail, denn sie wollten etwas ganz Besonderes erschaffen. Am 23. März 2017 eröffneten sie die „Prinzenstube", ein echtes Schmuckstück.

Hier speist man in royalem Flair: in der gemütlichen Gaststube unter einem pompösen Kristallleuchter, in der „Opptrepp Stuv" oder draußen unter großen roten Sonnenschirmen. Das königliche Ambiente trägt durch und durch die Handschrift Frank Weidners und Sven Schumachers. Die galanten Chefs verstehen es, ihre Gäste auf Händen zu tragen.

Die Kuchen sind alle handgemacht, das lassen sich die beiden nicht nehmen. Das Tortenangebot ist abwechslungsreich. Jeden Tag gibt es 14 verschiedene Torten, da fällt die Entscheidung schwer. Die meisten Kreationen sind individuell und außergewöhnlich, wie der Käsekuchen à la Brûlée. Aber es sind natürlich auch Standards wie Friesentorte und Apfelkuchen in dem vielfältigen Angebot enthalten.

Ab 11 Uhr kann man in der Prinzenstube à la carte durchgehend bis 18 Uhr aus einem ansprechenden Angebot regionaler Spezialitäten auswählen. Auch für Veranstaltungen steht das Café zur Verfügung und bietet einen perfekten Rahmen.

Die Prinzenstube ist ein Saisoncafé und hat von März bis Oktober geöffnet.

### Sehenswürdigkeiten:
- Museum für Friedrichstädter Geschichte in der Alten Münze, Friedrichstadt
- Tischlereimuseum Jacob Hansen, Friedrichstadt
- Führung durch den historischen Stadtkern mit Bürgerhäusern und Grachten, April–Oktober Täglich 11 Uhr
- Modellbahnzauber, 13.4.–31.10.19 täglich 11–17 Uhr, Nov Sa/So 11–17 Uhr, 27.12.19–5.1.20 täglich 11–17 Uhr, Winterpause: 6.1.–3.4.20
- Remonstrantenkirche, Friedrichstadt
- St. Christophorus Kirche, Friedrichstadt
- Menonitische Kirche/Dänische Kirche, Friedrichstadt
- Katholische Kirche Sankt Knud, Friedrichstadt
- Ehemalige jüdische Synagoge, Friedrichstadt

### Aktivitäten
- Bootsfahrt durch die Grachten
- Verleih von Tretbooten, Elektrobooten, Ruderbooten, Kanus, SUP-Boards
- 16 Rad-Rundtouren

### Veranstaltungen
- Tischlein deck Dich, Picknick am ersten Sonntag im Juni
- Rosenträume, Sommerabend mit Musik, letztes Juni- oder erstes Juli-Wochenende
- Lampionfest, letztes Juli-Wochenende
- Drachenbootfestival, Juli oder August
- Kulturnacht, letzter Sonnabend im August
- Herbstzauber, drittes September-Wochenende
- Grachtenweihnacht, erstes Adventswochenende

**Tourist-Information Friedrichstadt**
Am Markt 9, 25840 Friedrichstadt
0 48 81 - 9 39 30
www. friedrichstadt.de, info@friedrichstadt.de
Öffnungszeiten: Mo–Sa 10–16 Uhr,
zusätzlich Ostern–Ende Sept So 10–14 Uhr

# HIMBEER-MASCARPONE-TORTE

### BODEN:
5 Eier
100 g Zucker
100 g Butter
1 Pck. Backpulver
2 TL Backkakao
2 EL Rum
2 EL Eierlikör
100 g dunkle Raspelschokolade
200 g gemahlene, blanchierte Mandeln

Eier trennen. Eiweiß steif schlagen. Eigelb, Zucker, Butter, Backpulver, Backkakao, Rum und Eierlikör miteinander verrühren. Raspelschokolade und Mandeln unterrühren. Eischnee unterheben. Teig in eine mit Backpapier ausgelegte 28-cm-Springvorm füllen und im vorgeheizten Backofen bei 180 °C ca. 35 Minuten backen. Danach auf einem Kuchengitter auskühlen lassen. Boden auf eine Tortenplatte setzen und mit einem Tortenring umlegen.

### FÜLLUNG:
750 ml Schlagsahne
2 Beutel Sofort-Gelatine
750 g Mascarpone
100 g Puderzucker
Sahne mit 1 Beutel Gelatine steif schlagen und kalt stellen. Mascarpone mit Puderzucker und 1 Beutel Gelatine verrühren. Sahne unter den Mascarpone heben.

### GUSS:
150 ml Himbeersirup
350 ml Wasser
2 Pck. Tortenguss, rot
750 g TK-Himbeeren

Sirup und Wasser vermischen und mit dem Tortenguss nach Packungsanweisung aufkochen.

### ZUSAMMENSTELLUNG:
Mascarponecreme auf den Boden streichen. Gefrorene Himbeeren darauf verteilen und mit dem Guss übergießen. Danach kalt stellen. Ring entfernen und den Rand glatt streichen.

15

# WINDBEUTELTORTE

### TEIG:

4 Eier
3 EL heißes Wasser
150 g Zucker
1 Pck. Vanillezucker
150 g Mehl
2 gestr. TL Backpulver
50 g Speisestärke

Eier und heißes Wasser mit dem Mixer in einer Rührschüssel auf höchster Stufe 1 Minute schaumig schlagen. Zucker und Vanillezucker vermischen, eine Minute unter Rühren einstreuen und weitere 2 Minuten schlagen. Mehl, Backpulver und Speisestärke vermischen und auf niedrigster Stufe unterrühren. Den Teig in eine mit Backpapier ausgelegte 28-cm-Springform füllen und im vorgeheizten Backofen bei 180 °C Ober- und Unterhitze 30 Minuten backen. Danach auf einem Kuchengitter auskühlen lassen. Boden auf eine Tortenplatte setzen und einmal waagerecht durchschneiden. Den unteren Boden mit einem Tortenring umlegen.

### FÜLLUNG:

800 ml Schlagsahne
6 EL Gelierzucker
400 g Schmand
ca. 1,5 Pakete TK-Windbeutel

Sahne mit Gelierzucker steif schlagen und den Schmand unterheben.

### CANACHE:

100 g Zartbitter-Schokolade
100 g Vollmilch-Schokolade
150 ml Schlagsahne

Zerbrochene Schokolade mit der Sahne über einem Wasserbad schmelzen.

### ZUSAMMENSTELLUNG:

Ein Drittel der Füllung auf dem unteren Boden verstreichen. Windbeutel darauf legen (nicht ganz bis an den Rand). Restliche Füllung auf den Windbeuteln verteilen und glatt streichen. Mit dem zweiten Boden belegen. Anschließend 2 Stunden kalt stellen. Tortenring entfernen. Sahne glatt streichen und die Canache auf der Torte verteilen. Nach Belieben dekorieren.

# LAVENDEL-MOHN-TORTE

### LAVENDELSIRUP:

(1 Tag vorher zubereiten)
200 g Zucker
150 ml Wasser
3 EL Zitronensaft
ca. 2 EL getrockneter Lavendel

Zucker, Wasser, Zitronensaft und Lavendel in einem Topf erhitzen und 5 Minuten köcheln lassen. Anschließend durch ein Sieb filtern und in einem abgekochten Glas im Kühlschrank aufbewahren.

### MOHNBISKUIT:

225 g Zucker
6 Eier
150 g Mehl
150 g Blaumohn
1 TL Backpulver
1 Prise Salz

Zucker und Eier schaumig aufschlagen. Mehl, Mohn, Backpulver und Salz vermischen und vorsichtig unterheben. Teig in eine mit Backpapier ausgelegte 28-cm-Springform füllen und im vorgeheizten Backofen bei 200 °C 30 Minuten backen. Danach auskühlen lassen. Boden auf eine Tortenplatte setzen und zweimal waagerecht durchschneiden. Den unteren Boden mit einem Tortenring umlegen.

### HEIDELBEERCREME:

400 g TK Heidelbeeren
200 ml Schlagsahne
250 g Magerquark
100 g Zucker
150 ml Milch
2 gestr. EL Agar Agar

Heidelbeeren kurz aufkochen und abkühlen lassen (2–3 EL Saft für die Lavendelcreme beiseite stellen). Sahne steif schlagen und kalt stellen. Heidelbeeren fein pürieren und durch ein Sieb streichen. Quark und Zucker verrühren. Milch in einem Topf mit Agar Agar aufkochen und ca. 2 Minuten köcheln lassen. Anschließend vom Herd nehmen und 2–4 EL Quarkmasse einrühren. Topfinhalt zügig zur Quarkmasse rühren. Heidelbeerpüree unterziehen. Sahne unterheben.

### LAVENDELCREME:

100 ml Schlagsahne
200 g Joghurt
250 g Magerquark
40 g Zucker
3–10 TL Lavendelsirup
Heidelbeersaft (siehe oben)
150 ml Milch
2 TL Agar Agar

Sahne steif schlagen und kalt stellen. Joghurt, Quark, Zucker und Sirup verrühren. Heidelbeersaft hinzugeben. Milch in einem Topf mit Agar Agar aufkochen und ca. 2 Minuten köcheln lassen. Anschließend vom Herd nehmen und 2–4 EL der Quarkmasse einrühren. Topfinhalt zügig zur übrigen Quarkmasse rühren.

### ZUSAMMENSTELLUNG:

Heidelbeercreme auf dem unteren Boden verstreichen und den zweiten Boden auflegen. Lavendelcreme darauf streichen und mit dem dritten Boden belegen. Torte 2–4 Stunden kalt stellen. Tortenring entfernen.

### DEKO:

250 ml Schlagsahne
36 Heidelbeeren oder mehr

Sahne steif schlagen, auf der Torte verteilen und mit Heidelbeeren garnieren.

# BIRNEN-CAPPUCCINO-TORTE

### DUNKLER BISKUIT:

4 Eier
3 EL heißes Wasser
150 g Zucker
1 Pck. Vanillezucker
150 g Mehl
2 gestr. TL Backpulver
40 g Backkakao
50 g Speisestärke

Eier und heißes Wasser mit dem Mixer in einer Rührschüssel auf höchster Stufe 1 Minute schaumig schlagen. Zucker und Vanillezucker vermischen, eine Minute unter Rühren einstreuen und weitere 2 Minuten schlagen. Mehl, Backpulver, Backkakao und Speisestärke vermischen und auf niedrigster Stufe unterrühren. Den Teig in eine mit Backpapier ausgelegte 28-cm-Springform füllen und im vorgeheizten Backofen bei 180 °C Ober- und Unterhitze 30 Minuten backen. Danach auf einem Kuchengitter auskühlen lassen. Boden auf eine Tortenplatte setzen und einmal waagerecht durchschneiden. Es wird nur eine Hälfte gebraucht. Die andere Hälfte lässt sich wunderbar einfrieren. Den Boden mit einem Tortenring umlegen.

### BIRNENSCHICHT:

2 Dosen Birnen (à 460 g Abtropfgewicht)
500 ml Birnensaft (von den abgetropften Birnen)
2 Pck. Tortenguss, weiß

Birnen abtropfen lassen, Saft auffangen. Alle Birnen auf dem Boden verteilen. Birnensaft mit dem Tortenguss nach Packungsanweisung zubereiten und über die Birnen gießen. Anschließend kalt stellen.

### FÜLLUNG:

700 ml Schlagsahne
2 Pck. Sahnesteif
2 EL Cappuccino-Pulver
2 Pck. Vanillezucker

Sahne mit Sahnesteif, Cappuccino-Pulver und Vanillezucker aufschlagen und auf den Birnen verstreichen.

### CANACHE:

100 g Zartbitter-Schokolade
100 g Vollmilch-Schokolade
150 ml Schlagsahne

Zerbrochene Schokolade mit der Sahne über einem Wasserbad schmelzen und auf der Cappuccino-Sahne verteilen. Anschließend kalt stellen.

### DEKO:

3 halbe Dosenbirnen

Der Länge nach vierteln und die Torte damit garnieren.

# KÄSERAHMKUCHEN À LA BRÛLÉE

### MÜRBETEIG:
250 g Mehl
160 g Butter
85 g Zucker
1 Eigelb

Alle Zutaten gut miteinander verkneten. Eine gefettete 28-cm-Springform damit auskleiden, auch den Rand.

### FÜLLUNG:
580 g Quark
580 ml Schlagsahne
5 Eier
250 g Zucker
80 g Mehl
1 Prise Salz
1 TL Abrieb von einer Zitrone, unbehandelt
1 EL Zitronensaft

Alle Zutaten miteinander vermischen und auf den Boden geben. Bei 160 °C Umluft ca. 70 Minuten backen. Danach den Ofen ausstellen, einen Kochlöffel zwischen die Backofenklappe klemmen und den Kuchen noch mindestens 3 Stunden im Ofen auskühlen lassen.

### DEKO:
100 g brauner Zucker

Zucker über den Kuchen streuen und abflammen.

# APFELKUCHEN MIT ALLERLEI NÜSSEN

### MÜRBETEIG:

250 g Butter
125 g Puderzucker
1 Ei
375 g Mehl

Butter und Zucker mit dem Ei vermengen. Mehl dazugeben und untermengen. In Klarsichtfolie wickeln und kühl stellen. Danach eine gefettete 28-cm-Springform damit auslegen, auch den Rand.

### BODEN:

2 Eigelb
100 g Zucker
70 g Butter, geschmolzen
250 g Quark
1 Pck. Vanille-Puddingpulver

Eigelb und Zucker schaumig schlagen. Geschmolzene, abgekühlte Butter dazugeben. Quark hinzugeben. Zum Schluss das Puddingpulver unterheben. Teig in eine mit Backpapier ausgelegte 28-cm-Springform füllen und im vorgeheizten Backofen bei 150 °C Umluft ca. 60 Minuten backen.

### FÜLLUNG:

2,2 kg Äpfel
100 ml Zitronensaft
150 g Zucker
15 g Zimt
150 g Vanille-Puddingpulver
150 g Sultaninen

Äpfel schälen, in Scheiben schneiden und mit Zitronensaft vermengen. Zucker, Zimt, Puddingpulver und Sultaninen mit den Äpfeln vermischen.

### BELAG:

300 g Nussmischung (Wal-, Hasel-, Paranüsse, Mandeln, Cashewkerne)
40 g Pistazien
Zucker zum Bestreuen

### ZUSAMMENSTELLUNG:

Den gebackenen Boden auf den Mürbeteig legen. Apfelmasse hineingeben. Gemischte Nüsse und Pistazien auf die Äpfel geben und mit Zucker bestreuen. Bei 160 °C Heißluft ca. 60 Minuten backen. Danach auskühlen lassen und aus der Form lösen.

# Goldmarie am See

### BAD SEGEBERG

Hier ist der Name Programm. Wunderschön gelegen direkt an der Promenade des großen Segeberger Sees im Nordosten von Bad Segeberg, sticht einem die romantische Jugendstilvilla sofort ins Auge. Goldmarie – inspiriert durch das Grimm'sche Märchen – zieht sich die „Marie" wie ein roter Faden durch das Café.

Die beiden Freundinnen Britta Fischer und Claudia Bewarder träumten schon einige Zeit von einem eigenen Café – und wie das Leben so spielt, kam die Location zu ihnen. Mit Unterstützung von Brittas Bruder Jan-Hendrik Stahlberg, der im Hotelfach zuhause ist, wurde das charmante, denkmalgeschützte Haus mit viel Mühe und viel Liebe restauriert. Die drei konnten endlich am 1. Januar 2016 eröffnen.

Hier kann man eine entspannte Auszeit vom Alltag nehmen und herrlich schlemmen. Ob in einem der hübschen Stübchen der Villa, im neugebauten Glaspavillon oder auf der Terrasse, überall hat man einen direkten Blick über den malerischen See.

Die ausgefallenen Kuchenkreationen sind alle handgemacht. Ein Dauerbrenner in der Goldmarie ist die Milchreistorte, aber auch Standards wie Zitronenkuchen und Mandelhörnchen sind sehr beliebt.

Zum Frühstück gibt es z. B. die „süße Marie", die „sportliche Marie" und die „herzhafte Marie".

Ab 12 Uhr bietet das herzliche Team bis abends Snacks wie die glückliche Currywurst auf ihrer „Geht immer"-Karte an. Alles wird aus hochwertigen Produkten aus der Region hergestellt. Wochentags wird ein täglich wechselnder Mittagstisch angeboten.

Ob nun Sektempfang auf der Terrasse oder eine festliche Tafel mit Blick auf den See – die Goldmarie stimmt gerne jeden Event individuell ab.

# AUSFLUGSTIPPS

**Sehenswürdigkeiten:**

- Museum „Alt Segeberger Bürgerhaus" von 1541, Bad Segeberg
- Marienkirche, spätromanischer Backsteinbau mit Renaissance-Altar, Baubeginn etwa 1156
  Spielstätte des Schleswig-Holstein Musik Festivals, Bad Segeberg
- Noctalis – die Welt der Fledermäuse, ganzjährig geöffnet: multimediale, interaktive Erlebnisausstellung über Fledermäuse
- Kalkberg, 91 m hoch, Wahrzeichen von Bad Segeberg mit einem weiten Blick auf das Segeberger Umland
- Kalkberghöhle, geführte Exkursionen von April bis September: größte begehbare Gipshöhle Deutschlands, Winterquartier für mehr als 30.000 Fledermäuse

**Aktivitäten**

- Großer Segeberger See mit Seepromenade, Strandbad und Bootsvermietung
- Wildpark Eekholt, heimische Wildtiere in ihrem natürlichen Lebensraum, 700 Tiere, 100 Arten, ganzjährig geöffnet, Großenaspe
- Erlebniswald Trappenkamp, abwechslungsreiche Naturspielräume, ganzjährig geöffnet, Daldorf

**Bad Segeberg liegt am Mönchsweg:**

Der „Mönchsweg" ist ein ca. 530 km langer Radfernweg, der den Spuren der Mönche folgt, die das Christentum im Mittelalter in den Norden brachten. Er führt von Bremen über Puttgarden bis nach Dänemark, vorbei an Jahrhunderte alten Kirchen. Der Mönchsweg führt einen durch die Kultur und Landschaft unseres schönen Nordens.

**Veranstaltungen**

- Freilichttheater am Kalkberg: Karl-May-Festspiele Juni bis September und verschiedene Konzertveranstaltungen im Mai, Bad Segeberg
- Landesturnierplatz/Rennkoppel:
  - Landesreitturnier im September und weitere Pferdesportveranstaltungen im Sommer
  - Regioschau im Mai über das Jahr verteilt
  - unterschiedliche Veranstaltungen wie Zirkus, Jahrmarkt, Flohmarkt, verschiedene Sportveranstaltungen

**Tourist-Information**
Oldesloer Str. 20
23795 Bad Segeberg
Tel.: 0 45 51 - 9 64 90
Fax: 0 45 51 - 96 49 15
info@badsegeberg.de
www.bad-segeberg.de
Öffnungszeiten: Juli–August
Mo–Fr 9–18 Uhr, Sa 9–12 Uhr
Mai–Juni Mo–Fr 9–16 Uhr,
Sa 9–12 Uhr,
Sept–April Mo–Fr 9–16 Uhr

# MILCHREIS-TORTE MIT BEEREN-KOMPOTT

### KEKSBODEN:

200 g Vollkorn-Butterkekse
1 EL brauner Zucker
100 g Butter, geschmolzen

Kekse zerkleinern, Zucker hinzugeben und die Butter einrühren. Zutaten gut vermengen und in eine 20-cm-Springform geben. 30 Minuten kühl stellen.

### MILCHREISFÜLLUNG:

500 ml Milch
400 ml Kokosmilch
260 g Milchreis
80 g Zucker
30 g Vanillezucker
30 g Butter
300 g Mascarpone

Milch und Kokosmilch zum Kochen bringen. Reis gemeinsam mit dem Zucker einrühren. Temperatur herunterschalten und den Milchreis unter gelegentlichem Rühren kochen. Nach ca. 30 Minuten sollte er stark eingedickt sein. Butter einrühren, mit Klarsichtfolie abdecken und abkühlen lassen. Mascarpone cremig rühren und den Milchreis hinzugeben. Alles gut verrühren, auf den Keksboden geben und glatt streichen. Mindestens 4 Stunden kalt stellen.

400 g TK- oder frische Himbeeren
50 ml Wasser
20 g Vanillezucker
1 TL Speisestärke

Die Hälfte der Himbeeren mit Wasser aufkochen, pürieren, durch ein Sieb geben und erneut mit dem Vanillezucker aufkochen. Speisestärke mit etwas Wasser glatt rühren und in die Himbeermasse geben. Köcheln lassen bis die Masse eindickt. Restliche Himbeeren hinzugeben, kurz umrühren und ziehen lassen. Kuchen aus der Springform lösen, Beeren-kompott auf dem Kuchen verteilen und servieren.

# SCHOKOLADENKUCHEN

**TEIG:**

| | |
|---|---|
| 4 Eier, getrennt | Eiweiß steif schlagen. Butter, Zucker, Salz und Eigelb verrühren. |
| 100 g Butter | Kuvertüre schmelzen und mit den Mandeln und Paniermehl unterrühren. |
| 120 g Zucker | Zum Schluss den Eischnee unterheben. Teig in eine rechteckige Form |
| 1 Prise Salz | füllen und im vorgeheizten Backofen bei 160 °C Ober- und Unterhitze |
| 100 g dunkle Kuvertüre | ca. 45 Minuten backen. Danach auskühlen lassen und aus der Form lösen. |
| 125 g gem. Mandeln | |
| 40 g Paniermehl | |
| | |
| 1 Pck. Schokoglasur | Kuchen mit Schokoglasur überziehen. |

# SCHWEDISCHER ZUCKERKUCHEN

200 g Butter
200 g Zucker
3 Eier
300 g Weizenmehl
1 TL Backpulver
2 TL Vanillezucker oder
Zitronenabrieb, unbehandelt
Fett und Semmelbrösel für die
Form

Butter und Zucker mit dem Mixer schaumig schlagen. Eier nach und nach hinzugeben und kräftig rühren. Mehl und Backpulver vermischen und auf die Eimasse sieben. Vanillezucker oder Zitronenabrieb unterheben. Teig in eine gefettete und mit Semmelbrösel bestreute runde Pufferform oder eine 30-cm Kastenform geben. Im vorgeheizten Backofen auf der unteren Schiene bei 175 °C Ober- und Unterhitze oder 160 °C Umluft ca. 60 Minuten backen. Stäbchenprobe nicht vergessen. Danach auskühlen lassen. Der Kuchen ist extra saftig und haltbar. Vor dem Servieren mit Puderzucker bestreuen.

# ZITRONENKUCHEN

## TEIG:

300 g Butter, Zimmertemperatur
300 g Zucker
5 Eier
300 g Mehl
½ Pck. Backpulver
1 Prise Salz
Saft und Abrieb einer Zitrone, unbehandelt

Butter und Zucker mit dem Rührgerät schaumig schlagen. Die Eier nach und nach dazugeben. Mehl und Backpulver vermischen und auf die Eimasse sieben. Salz, Zitronensaft und –abrieb hinzufügen und so lange auf höchster Stufe weiterschlagen, bis der Teig Blasen schlägt. Teig in eine gebutterte 30-cm-Kastenform füllen und im vorgeheizten Backofen auf mittlerer Schiene bei 140 °C Ober- und Unterhitze ca. 90 Minuten backen. Ist der Kuchen auf der Oberfläche leicht gebräunt, eine Stäbchenprobe machen. Danach auskühlen lassen und auf eine Kuchenplatte setzen.

## GLASUR:

Saft von einer ½ Zitrone
200 g Puderzucker

Zitronensaft langsam in den Puderzucker gießen und rühren bis die Glasur glatt ist. Zitronenkuchen mit der Glasur bestreichen.

# BUTTERMILCHKUCHEN

### TEIG:

3 Tassen Zucker
2 Tassen Buttermilch
1 Prise Salz
1 Pck. Vanillezucker
3 Eier
Zitronensaft und -abrieb
von 1 Zitrone, unbehandelt
4 Tassen Mehl
1 EL Backpulver

Alle Zutaten miteinander verrühren. Teigmasse in eine mit Backpapier ausgelegte 28-cm-Springform füllen und bei 150 °C Ober- und Unterhitze 45 Minuten vorbacken.

### BELAG:

200 g Kokosraspel
½ Tasse Zucker

Kuchen aus dem Ofen nehmen.
Kokosraspel und Zucker vermischen, auf dem Teig verteilen und weitere 45 Minuten backen, bis die Stäbchenprobe zeigt dass der Kuchen gar ist.

### GUSS:

150 g weiche Butter
200 ml Schlagsahne

Butter mit der Sahne vermischen und den noch warmen Kuchen damit beträufeln.

# MANDELHÖRNCHEN

### ZUTATEN
### FÜR 14 GROSSE HÖRNCHEN:

1000 g Marzipanrohmasse
2 Eiweiß
150 g Zucker
2 Pck. gehobelte Mandelblättchen
Kuvertüre zum Eintauchen

Marzipan, Eiweiß und Zucker mit dem Mixer oder in einer Küchenmaschine verrühren. Mit angefeuchteten Händen Hörnchen formen und danach in Mandelblättchen wälzen. Auf ein mit Backpapier belegtes Backblech setzen und im vorgeheizten Backofen bei 160 °C ca. 12–15 Minuten goldbraun backen. Danach abkühlen lassen. Die Enden in geschmolzene Kuvertüre tauchen.

# Café Agnes

## HOHENWESTEDT

Das Café Agnes finden Sie in der Kieler Straße in Hohenwestedt auf der holsteinischen Geest am Rande des Naturparks Aukrug, südöstlich des Nord-Ostsee-Kanals.

Die Polin Agnes Ringwelska hatte lange den großen Wunsch, ein eigenes Café zu betreiben. In Hohenwestedt ergab sich dann die Möglichkeit, ihren Traum wahr werden zu lassen, und sie konnte im Frühjahr 2011 eröffnen. Schon im Oktober des gleichen Jahres konnte Agnes Mann Zenon ihr nach Hohenwestedt folgen und stieg enthusiastisch in den Cafébetrieb mit ein.

Die Caféräume sind mit sehr geschmackvollem Mobiliar eingerichtet, und Agnes Liebe zum Detail erkennt man sofort. Durch ihre liebevolle Ausstrahlung hat man das Gefühl, sie schon seit Jahren zu kennen.

Agnes backt alle Kuchen selbst, denn das Backen ist Ihre große Leidenschaft. Schon in ihrer Kindheit war es in ihrer Familie Tradition, mit Mama und Oma gemeinsam zu backen, und so fließen auch Familienrezepte in ihr Repertoire mit ein. Der absolute Spitzenreiter ist die Baiserrolle mit Mango, nach der immer wieder gefragt wird. Agnes liebt die Abwechslung, und daher ist das Angebot vielfältig.

Im Café Agnes wird ab 9 Uhr Frühstück angeboten, und wer gerade keine Lust auf Kuchen hat, der kann sich mit Schnittchen und Waffeln stärken.

Wer eine Familienfeier plant, ist im Café Agnes gut aufgehoben. Bis zu 40 Personen finden dort Platz, um Geburtstage, Konfirmationen o.ä. zu feiern. Unabhängig vom Tagesgeschäft können auch kleinere Gesellschaften im kleinen Caféraum ihre Festlichkeiten feiern. Hier ist man ganz unter sich.

## Sehenswürdigkeiten

- Park Wilhelmshöhe, Hohenwestedt
- Heimatmuseum Hohenwestedt
- Ratsgalerie im Rathaus, organisierte Bilderausstellungen, Hohenwestedt
- Tierpark Neumünster
- Museum „Dat ole Huus", bäuerliche Wohnkultur des 18. Jarhhunderts, Aukrug

# AUSFLUGSTIPPS

## Aktivitäten

- Beheiztes Freibad Ludwigslust, Hohenwestedt
- Beheiztes Freibad, Aukrug
- Naherholungsgebiet Falkenburg
- Exkursionen mit dem Naturschutzring Aukrug
- Naturpark Aukrug, Landschaftsschutzgebiet und Naturschutzgebiet
  - Boxberg Walderlebnispfad und Erlebnisraum
  - Bouleplätze
  - Kanufahrten
  - Wanderrouten
  - Radstrecken
  - Angeln
  - Golf Club Aukrug

## Veranstaltungen

- Frühlingsflohmarkt, Aukrug, März oder April
- Aukrug Open Air, Mai, Freibad Aukrug
- Irish Folk Festival, Juni, Poyenberg
- Mittelalterliches Phantasie Spectaculum, Juni, Wilhelmshöhe, Hohenwestedt
- Reit- und Fahrturnier, Sommer, Wilhelmshöhe, Hohenwestedt
- Lange Nacht der Gärten, im Rahmen des „Offenen Gartens", August, Aukrug
- Parkfest im Rahmen der Hohenwestedt Woche, Ende August am Sonnabend
- Wacken Open Air, August, Wacken

- Herbstflohmarkt, Aukrug, September
- Bobblecap Festival, Oktober, Aukrug
- Mittelalterliches Phantasie Spectaculum, Oktober, Hohenlockstedt
- Weihnachtsmarkt, Aukrug, 1. Wochenende im Dezember
- Weihnachtsmarkt, 3. + 4. Adventswochenende, Waldhütten

## Hohenwestedt liegt am Ochsenweg:

Der ca. 250 km lange „Ochsenweg" (dänisch Haervejen) war im 19. Jahrhundert eine wichtige Verbindung über Land zwischen Dänemark und Wedel in Schleswig-Holstein. Bauern nutzten ihn als Treibweg für ihr Vieh, Kaufleute, Soldaten und Pilger als direkte Verbindung in südliche Richtung.

Abseits der gängigen Verkehrswege können Radfahrer auf einer Tour durch Moorgebiete und Marschlande, Wälder und Wiesenlandschaften vorbei an Seen und entlang an Flüssen einen Eindruck der Natur und Historie Norddeutschlands und Dänemarks bekommen. Auf dem Weg durchfährt man einige sehenswerte Dörfer und Städte wie Rendsburg und Neumünster.

**Tourist-Information**
**Naturpark Aukrug e.V.**
Bargfelder Straße 10
24613 Aukrug
Tel.: 0 48 73 - 87 14-661
info@naturpark-aukrug.com
www.naturpark-aukrug.com

**Aukrug Marketing**
Bargfelder Str. 10
24613 Aukrug
Tel.: 0 48 73 - 87 14-662
marketing@aukrug.de
www.aukrug.de
Öffnungszeiten: Di u Fr 8–12 Uhr

# PAVLOVA

## BAISER MIT WALDFRUCHT

**AM VORTAG:**
**BAISER:**

| | |
|---|---|
| 8 Eiweiß | Eiweiß steif schlagen und den Zucker langsam dazugeben. Den Eischnee |
| 250 g Zucker | auf zwei 28-cm-Springformen verteilen. Im vorgeheizten Backofen bei |

160 °C 15 Minuten backen. Anschließend den Herd auf 120 °C herunterschalten und weitere 90 Minuten backen, danach den Herd ausschalten. Am besten über Nacht im geschlossenen Backofen trocknen lassen. Erst dann die Creme herstellen.

**CREME:**

200 g gemischte Früchte oder Beeren
500 ml Schlagsahne
250 g Mascarpone

100 g Früchte/Beeren fein pürieren. Sahne steif schlagen und Mascarpone und das Püree untermischen. Restliche Früchte dazugeben. Creme auf dem unteren Baiserboden verteilen und mit dem zweiten Baiserboden als Deckel belegen.
Nach Belieben mit Obst, Schokolade und Minze garnieren.

# PFLAUMEN-TORTE

### AM VORTAG:

200 g Trockenpflaumen in 200 ml Rum
12 Stunden einlegen.

### BODEN:

4 Eier, getrennt
100 g Zucker
60 g Mehl
2 TL Backpulver
180 g gem. Haselnüsse

Eiweiß steif schlagen, Zucker und Eigelb dazugeben und weiter schlagen. Danach Mehl, Backpulver und Haselnüsse hinzugeben und gut vermischen. Teig in eine mit Backpapier ausgelegte 28-cm-Springform geben und im vorgeheizten Backofen bei 180 °C ca. 30 Minuten backen. Anschließend gut auskühlen lassen und den Boden einmal waagerecht durchschneiden. Den unteren Boden auf eine Tortenplatte setzen.

### FÜLLUNG:

500 ml Schlagsahne, geschlagen
100 g dunkle Schokolade
50 g Butter

Pflaumen aus dem Rum nehmen und fein würfeln. Ein Drittel der Sahne auf dem unteren Boden verstreichen und die Hälfte der Pflaumen darauf verteilen. Das zweite Drittel Sahne auf den Pflaumen verteilen. Den zweiten Boden als Deckel darauf legen und die restliche Sahne darauf verteilen. Die zweite Hälfte der Pflaumen darauf verteilen. Schokolade und Butter zusammen schmelzen und die Torte damit beträufeln.

# SPINAT-ERDBEER-TORTE

### SPINATTEIG:

450 g Spinat
3 Eier
240 g Zucker
1 Pck. Vanillezucker
250 ml Sonnenblumenöl
240 g Mehl
1 TL Backpulver

Den Spinat fein hacken. Eier mit Zucker und Vanillezucker verquirlen. Öl unter ständigem Rühren dazugeben. Mehl und Backpulver hinzufügen. Anschließend den Spinat unterheben. Den Teig in eine mit Backpapier ausgelegte 26-cm-Springform füllen und im vorgeheizten Backofen bei 175 °C Ober- und Unterhitze ca. 50–60 Minuten backen. Danach gut auskühlen lassen. Boden einmal waagerecht durchschneiden. Den unteren Boden auf eine Tortenplatte setzen und mit einem Tortenring umlegen.

### ERDBEERFÜLLUNG:

150 g Erdbeeren, in feine Stücke geschnitten
250 g Mascarpone
1 Pck. Vanillezucker
1 Pck. Sahnesteif
200 ml Schlagsahne, geschlagen

Erdbeeren zusammen mit Mascarpone, Vanillezucker und Sahnesteif zur Sahne geben. Alles vorsichtig mit dem Mixer verrühren.

350 g Erdbeeren
300 ml Schlagsahne, geschlagen
Erdbeeren, Schlagsahne, Schokolade und Granatapfelkerne für die Deko

Die Erdbeerfüllung auf dem unteren Spinatboden verteilen. Darauf die geputzten Erdbeeren drapieren. Mit Schlagsahne bedecken. Den zweiten Spinatboden auf der Sahneschicht zerbröseln und nach Belieben mit Erdbeeren, Schlagsahne, Schokolade und Granatapfelkernen dekorieren.

# SCHOKOLADEN-TORTE

### CREME:

500 ml Schlagsahne, geschlagen
100 g dunkle Schokolade, geschmolzen

Sahne und geschmolzene Schokolade vermischen und die Creme 12 Stunden lang im Kühlschrank durchkühlen lassen.

### BODEN (1):

6 Eier, getrennt
100 g Zucker
100 g dunkle Schokolade, geschmolzen

Eigelb mit dem Zucker cremig schlagen. Die geschmolzene Schokolade unterrühren. Zum Schluss das steif geschlagene Eiweiß unterziehen. Masse in eine mit Backpapier ausgelegte 26-cm-Springform füllen und im vorgeheizten Backofen bei 200 °C ca. 30 Minuten backen. Danach gut auskühlen lassen und auf eine Tortenplatte setzen.

### BODEN (2):

5 Eier, getrennt
125 g Zucker
180 g Mehl
1 TL Backpulver
50 g Kakao

Eiweiß schlagen, Zucker und Eigelb dazugeben und weiter schlagen. Danach Mehl, Backpulver und Kakao hinzugeben und gut vermischen. Teig in eine mit Backpapier ausgelegte 26-cm-Springform geben und im vorgeheizten Backofen bei 180 °C ca. 30 Minuten backen. Anschließend gut auskühlen lassen und den Boden einmal waagerecht durchschneiden. Die Hälfte der Creme auf Boden 1 verteilen. Eine Hälfte von Boden 2 auf die Creme legen und mit der Creme einstreichen. Letzten Boden als Deckel auflegen und die ganze Torte – Oberfläche und Rand – mit Creme einstreichen.

### DEKO:

100 g Schokolade
50 g Butter

Schokolade und Butter zusammen schmelzen und auf die Torte gießen. Nach Belieben mit Obst und Schokolade verzieren.

# MINZEKUCHEN VOM BLECH

4 Äpfel
300 g Butter, Zimmertemperatur
200 g Zucker
6 Eier
500 g Mehl
2 TL Backpulver
1 Pck. Vanillezucker
20 g getrocknete Pfefferminze
100 g Schokoraspel
Puderzucker zum Bestreuen
Himbeeren und Minzeblättchen für
die Deko

Äpfel schälen, entkernen und fein reiben. Butter mit dem Zucker vermischen. Eier einzeln dazugeben und unterrühren. Anschließend Mehl, Backpulver, Vanillezucker, Pfefferminze, Schokoraspel und die Äpfel hinzugeben und verrühren. Teig auf ein mit Backpapier belegtes 24x40 cm Backblech streichen und im vorgeheizten Backofen bei 180 °C ca. 60 Minuten backen. Danach auskühlen lassen, mit Puderzucker bestreuen und mit Himbeeren und Minzeblättchen dekorieren.

# MANGO-BAISER-ROLLE

### BAISER:

6 Eiweiß
1 Prise Salz
250 g Zucker
2 TL Kartoffelmehl
1 TL Essig

Eiweiß und Salz schlagen, den Zucker langsam dazugeben und vermischen. Zum Schluss das Kartoffelmehl und den Essig hinzugeben und weiter schlagen bis das Eiweiß ganz steif ist. Den Eischnee auf einem mit Bachpapier belegten 34x44 cm Backblech verstreichen. Anschließend im vorgeheizten Backofen bei 170 °C 30 Minuten backen. Baiser abkühlen lassen und auf den Rücken legen.

### FÜLLUNG:

1 Mango
600 ml Schlagsahne, geschlagen
250 g Mascarpone

Aus der Hälfte der Mango ein Püree bereiten. Mascarpone und Mangopüree unter die geschlagene Sahne heben und vermischen. Die restliche Mango fein würfeln und unter die Creme heben. Backpapier abziehen und die Masse auf dem Baiserboden verstreichen. Anschließend vorsichtig aufrollen.
Mit Mangostücken, Physalis und Minze verzieren.

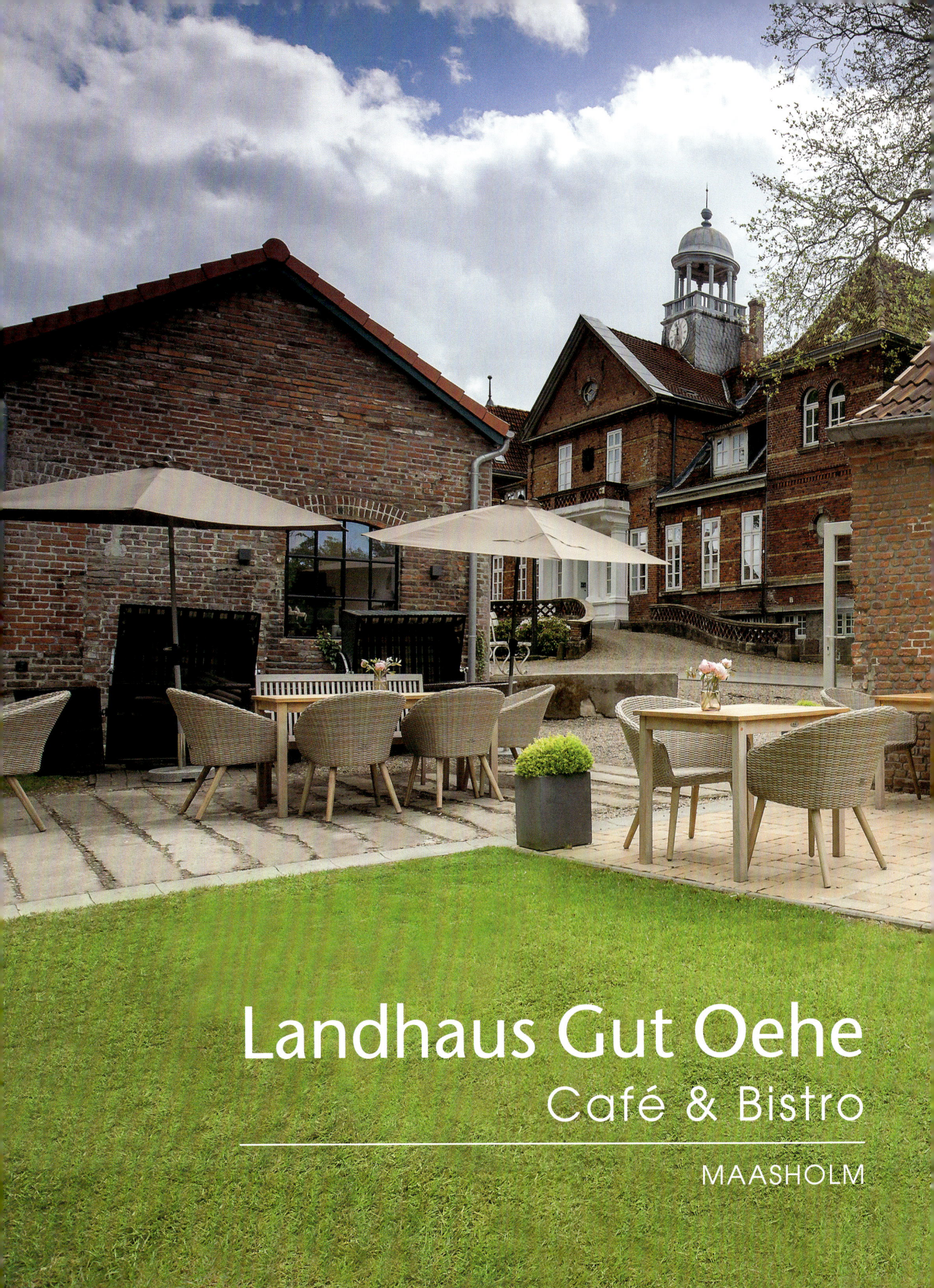

# Landhaus Gut Oehe
## Café & Bistro

MAASHOLM

Das Landhaus Café & Bistro befindet sich auf dem herrlichen Gutshof Oehe vor dem schönen Fischerort Maasholm, direkt an der schleswig-holsteinischen Ostseeküste inmitten idyllischer Natur zwischen Kappeln und Flensburg. Es ist das einzige Gut Schleswig-Holsteins, das auf einer Insel liegt. Oehe stammt aus dem Dänischen und bedeutet „Insel".

Der Hof liegt eingebettet zwischen Wald und Feldern, und der direkte Zugang zur Ostsee macht einen Aufenthalt zu einem besonderen Erlebnis.

Das junge und sympathische Ehepaar Dorothea und Sebastian Matz betreiben das Familienanwesen mit Leidenschaft und Herz.

Im schönen Café findet man Ruhe und Erholung und kann in dem liebevoll restaurierten Pferdestall von 1850 in besonderer Atmosphäre in einer der ehemaligen Boxen oder in einem der gemütlichen Strandkörbe auf der Terrasse die Seele baumeln lassen. Ein köstliches Stück Kuchen rundet den Aufenthalt auf Gut Oehe ab. Dieses außergewöhnliche Ambiente ließ natürlich auch den NDR mit seiner Sendung „Mein Nachmittag" nicht kalt, und so war das Fernsehteam mehrmals zu Gast bei dem netten Ehepaar.

Die Torten und Kuchen sind hausgemacht, der Renner ist Dorotheas selbstgemachter Brombeer-Cheesecake. Im Angebot sind außerdem Waffeln, Eiscreme und auch herzhafte Snacks wie Flammkuchen.

Von 12 Uhr bis 14 Uhr verwöhnt das freundliche Team seine Gäste mit einem leckeren Lunch.

Wer ein bisschen mehr Zeit mitbringt, kann in einer der 20 schönen Ferienwohnungen den direkten Blick auf die Ostsee genießen und dabei ausspannen.

Dorothea, Sebastian und ihre sympathische Crew bieten auch ganzjährig Grillnachmittage und Abendveranstaltungen wie „Wine & Dine" an.

Das Café kann auch für private Feiern gemietet werden.

# AUSFLUGSTIPPS

## Sehenswürdigkeiten

- St. Nicolai-Kirche, Spielstätte des Schleswig-Holstein Musik Festivals, Kappeln
- Schleibrücke, Kappeln
- Schleimünde, Lotseninsel vor Maasholm
- Museumshafen, Kappeln
- Schwansener See, Teil des nach ihm benannten Naturschutzgebietes, bei Damp
- Hügelgrab Kummerby, Grabhügel aus der Bronzezeit, Süderbrarup
- Historischer Heringszaun, (direkt an der Schleibrücke), Kappeln
- Leuchtturm Falshöft, Besichtigungen und Führungen, 1. April bis 31 Oktober, Flensburger Außenförde
- Windmühle „Amanda", größte Mühle Schleswig-Holsteins, 32m hoch, Blick über Kappeln

## Aktivitäten

- Schlei-Erkundung mit dem Schiff
- Barfußpark in Schwackendorf
- Wandern auf der Birk, Natur-und Vogelschutzgebiet „Geltinger Birk" mit integrierter Station
- Schlei-Akademie, Freiraum für Kunst, Juli/August, Winnemark
- Linienfahrten mit dem Schiff und Landgang, ab Kappeln
- Naturerlebniszentrum Maasholm, informatives Angebot rund um das Thema Schlei und Ostsee, Maasholm
- Angelner Dampfeisenbahn, historische Fahrten zwischen Kappeln und Süderbrarup, Mai bis Oktober
- Schokoladenküche, Führungen und Kurse, Kappeln

- Adventure Golf Olpenitz, Kappeln, an der Schleimündung gegenüber von Maasholm

## Veranstaltungen

- Fischmarkt, Hafen, Kappeln, März bis Oktober, am jeweils letzten Sonntag im Monat
- Heringstage, Kappeln, Himmelfahrtswochenende
- Maasholmer Kunstwochen, Juni
- Maasholmer Hafentage, Juli
- Brarup Markt, Jahrmarkt, Juli, Süderbrarup
- Maasholmer Gildefest, August

**Tourist-Information Kappeln**
Schleswiger Str. 1
24376 Kappeln
Tel.: 0 46 42 - 40 27
www.ostseefjordschlei.de
info@ostseefjordschlei.de
Juni–September 10–17 Uhr,
Sa/So 10–14 Uhr, April, Mai +
Okt 10–17 Uhr, Sa 10–14 Uhr,
Nov–März 10–16 Uhr

# ERDBEER-SAHNE-TORTE
## MIT HOLUNDERBLÜTENSIRUP

### BISKUIT:

4 Eier
100 g Zucker
1 Prise Salz
100 g Mehl
20 g Speisestärke
40 g gem. Mandeln

Eier, Zucker und Salz mit dem Schneebesen ca. 10 Minuten sehr dickcremig aufschlagen. Mehl und Stärke dazu sieben. Mandeln hinzugeben und vorsichtig unterheben. Teig in eine mit Backpapier ausgelegte 26-cm-Springform geben und im vorgeheizten Backofen bei 180 °C auf der 2. Schiene von unten 25 Minuten backen. In der Form auf einem Kuchengitter abkühlen lassen.

### CREME UND FÜLLUNG:

5 Blatt Gelatine, weiß
300 g Magerquark
150 ml Holunderblütensirup
1 TL Zitronenabrieb, unbehandelt
2 EL Zitronensaft
330 ml Schlagsahne
700 g Erdbeeren

Gelatine in kaltem Wasser nach Packungsanweisung einweichen. Quark, Sirup und Zitronenabrieb mit dem Schneebesen cremig rühren. Gelatine gut ausdrücken. Zitronensaft leicht erwärmen und die Gelatine darin auflösen. 4 EL Quarkcreme zur Gelatinemischung rühren. Mischung unter die restliche Quarkcreme heben, danach ca. 30 Minuten kalt stellen. Sobald die Creme fest zu werden beginnt, Sahne steif schlagen. Ein Drittel der Sahne unter die Creme rühren, restliche Sahne vorsichtig unterheben. Erdbeeren waschen und putzen. Ca. 15 Erdbeeren halbieren.

### ZUM BESTREICHEN:

3 EL Holunderblütensirup
1 EL Zitronensaft
250 g Erdbeerkonfitüre
(ohne Stücke)

Biskuitboden aus der Form lösen, Papier abziehen und den Boden zweimal waagerecht durchschneiden. Zum Tränken der Böden den Sirup mit dem Zitronensaft verrühren und die oberen zwei Böden gleichmäßig damit beträufeln. Den unteren Boden auf eine Tortenplatte setzen, mit einem Tortenring umlegen und mit einem Drittel der Konfitüre bestreichen. 4–5 EL Creme auf den Boden mit der Konfitüre streichen, geschnittene halbierte Erdbeeren mit der Schnittfläche nach außen dicht an dicht an den Rand des Tortenringes setzen. Ganze Erdbeeren in die Mitte setzen. Die Hälfte der Creme darauf geben. Mit dem mittleren Boden bedecken und mit der Hälfte der restlichen Konfitüre bestreichen. Die Hälfte der restlichen Creme darauf geben. Den dritten Boden und restliche Creme darüber schichten. Restliche ganze Erdbeeren daraufsetzen. Torte mindestens 5 Stunden (am besten über Nacht) kalt stellen. Torte aus dem Ring lösen, mit dem Rest der Konfitüre beträufeln und mit Erdbeeren garnieren.

# SCHOKOLADEN-KAFFEE-CREME-TORTE

### BODEN:

300 g Doppel-Schokoladen-Kekse
60 g Butter, geschmolzen
1 TL Salz

Kekse zerbröseln und mit der geschmolzenen Butter und dem Salz vermischen. Keksmasse in eine mit Backpapier ausgelegte 26-cm-Springform geben und andrücken. Im vorgeheizten Backofen bei 180 °C 10 Minuten backen. Danach auskühlen lassen.

### KAFFEE-CREME:

360 g Zartbitter-Schokolade (70%)
225 g Butter
60 ml kalter Kaffee
225 g Rohrzucker
5 Eier
1 TL Vanille-Extrakt

Schokoladenstücke und Butter in eine Schüssel geben. Kaffee und Rohrzucker in einem Topf unter Rühren kurz aufkochen lassen. Anschließend vom Herd nehmen und über die Schokoladen-Buttermasse geben. Rühren, bis alles komplett geschmolzen ist. Eier trennen. Eigelb und Vanille-Extrakt unterrühren. Eiweiß steif schlagen und unter die Schokoladenmasse heben. Anschließend auf dem Keksboden verstreichen und ca. 30–35 Minuten backen. Abkühlen lassen und für ca. 2 Stunden in den Kühlschrank stellen.

### SCHOKOLADEN-CREME:

150 g Zucker
115 g Kakaopulver
55 g Speisestärke
1 Prise Salz
4 Eigelb
600 ml Milch
45 g Butter
85 g Zartbitter-Schokolade (70%)
2 EL Vanille-Extrakt

Zucker, Kakaopulver, Speisestärke und Salz in einen Topf geben und vermischen. Eigelb hinzugeben und unterrühren. Die Milch langsam einrühren und unter ständigem Rühren erwärmen. Masse vom Herd nehmen und in eine große Rührschüssel füllen. Butter, Schokolade (zerkleinert) und Vanille-Extrakt unterrühren. Abkühlen lassen. Schokoladencreme auf den mit der Kaffeecreme überbackenen Tortenboden geben.

### BELAG:

480 ml Schlagsahne
3 Pck. Sahnesteif
120 g Schokoraspel

Sahne mit Sahnesteif steif schlagen und auf die Torte streichen. Mit Schokoraspel verzieren.

### TORTENUMRANDUNG:

250 g Zartbitter-Schokolade
30 g Kokosfett
1 EL Schlagsahne
Backpapier

Zartbitter-Schokolade über dem Wasserbad erwärmen (das Wasser sollte nicht kochen, ansonsten verliert die Schokolade an Glanz). Kokosfett und Sahne hinzufügen und so lange verrühren, bis alles geschmolzen und eine cremige Masse entstanden ist.
Die Schokomasse mit einem Backpinsel auf das Backpapier streichen. Das Backpapier anschließend um die Torte herum legen und an den Rand drücken. Beides kalt stellen und nach dem Erkalten das Backpapier vorsichtig und langsam abziehen.

# CAPPUCCINO-TORTE

### BISKUIT:

265 g Butter
7 Eier
315 g Zucker
1 Prise Salz
315 g Mehl
100 g gem. Mandeln
50 g Zartbitter-Kuvertüre, geschmolzen, für den Boden

Butter schmelzen. Eier trennen und das Eiweiß steif schlagen. Dieses zur weiteren Verwendung etwas kalt stellen. Eigelb mit Zucker und Salz cremig rühren. Mehl und gemahlene Mandeln unterrühren. Anschließend die flüssige Butter hinzufügen. Den Eischnee darauf geben und unterheben. Den Teig in eine gefettete 28-cm-Springform geben und im vorgeheizten Backofen bei 180 °C auf der mittleren Schiene ca. 60 Minuten backen. Danach auf einem Kuchengitter auskühlen lassen. Den Boden zweimal waagerecht durchschneiden. Den unteren Boden mit der flüssigen Kuvertüre bestreichen, trocknen lassen und mit der Schokoladenseite nach unten auf eine Tortenplatte setzen. Mit einem Tortenring umlegen.

### PÜREE:

150 g Himbeeren (gerne auch TK-Himbeeren)
2 EL Wasser
50 ml Amaretto

Himbeeren waschen und abtupfen, dann mit 2 EL Wasser in einem Topf aufkochen, pürieren und durch ein feines Sieb streichen. Den Amaretto unterrühren. Anschließend kalt stellen.

### CAPPUCCINO-SAHNE:

2 Blatt Gelatine, weiß
700 ml Schlagsahne
5 EL Instant-Cappuccinopulver
1 EL Kakaopulver
85 g gehackte Mandeln
1 EL Zucker

Gelatine nach Packungsanweisung einweichen. Sahne steif schlagen. Cappuccino- und Kakaopulver unter die Sahne rühren. Gelatine ausdrücken und in einem kleinen Topf bei geringer Hitze schmelzen lassen. Zunächst 7 EL Cappuccino-Sahne unter die Gelatine rühren. Anschließend die restliche Sahne einrühren. Danach die Mandeln und den Zucker hinzufügen.

375 g frische Himbeeren für die Füllung und den Belag

Die frischen Himbeeren waschen und abtupfen. Einige für die Dekoration zur Seite legen. 3–4 EL Himbeerpüree gleichmäßig auf dem unteren Boden verstreichen. Ein Drittel der Cappuccino-Sahne darauf geben und die Himbeeren in die Sahne drücken. Den zweiten Boden aufsetzen. Die Hälfte des übrigen Pürees gleichmäßig darauf verteilen und das zweite Drittel der Sahne darüberstreichen.
Den letzten Boden als Deckel auflegen und mit dem Rest des Pürees bestreichen. Tortenring entfernen und Rand und Deckel mit der restlichen Sahne einstreichen. Anschließend mindestens 4 Stunden kalt stellen.

### GARNITUR:

50 g Mandelblättchen
Kakaopulver

Den Tortenrand vor dem Servieren mit Mandelblättchen bestreuen und den Deckel mit Himbeeren und Kakaopulver garnieren.

# BROMBEER-CHEESECAKE

### BODEN:

90 g Butter
etwas Butter zum Einfetten der Springform
195 g Vollkorn-Butterkekse

Butter schmelzen. Kekse mit Blitzhacker fein zerkleinern. Eine 26-cm-Springform inklusive Rand mit Butter einfetten. Kekskrümel und Butter vermischen und fest auf den Springform-Boden drücken, dabei auch einen Rand von ca. 3–4 cm bilden. Tipp: mit dem Boden eines runden Wasserglases lassen sich die Kekskrümel sehr gut festdrücken. Im vorgeheizten Backofen bei 180 °C 10 Minuten backen. Boden aus der Form nehmen und abkühlen lassen.

### CREME:

400 g TK-Brombeeren
240 g Zucker
4 EL Speisestärke
6 EL Cassis (Schwarzer Johannisbeerlikör)
1 Zitrone, unbehandelt
600 g Doppelrahm-Frischkäse
250 g Magerquark
200 ml Schlagsahne
2 Eier
1 Prise Salz

Brombeeren und 45 g Zucker in einen kleinen Topf geben, kurz aufkochen lassen und mit dem Schneidstab fein pürieren. 2 TL Stärke mit Cassis glatt rühren und unterheben. Erneut aufkochen und durch ein feines Sieb passieren. Danach abkühlen lassen.
Restlichen Zucker und Stärke vermischen. Zitronenschale fein abreiben und 2 EL Saft auspressen. Frischkäse in einer Schüssel glatt rühren. Zuckermischung, Quark, Sahne, Eier, Salz, Zitronenabrieb und -saft zugeben und unterrühren.
6 EL Brombeerpüree zur Seite stellen. Hälfte der Käsemasse auf den Keksboden geben. Die Hälfte des Brombeerpürees auf der Masse verteilen. Anschließend darauf vorsichtig die zweite Hälfte der Käsemasse geben. Die zweite Hälfte des Pürees darauf verteilen. Mit einem dünnen Holzstab, Löffelstiel o.ä. in die Käsemasse mit dem Püree marmorieren. Im vorgeheizten Backofen bei 180°C 30–35 Minuten backen, bis die Ränder leicht gebräunt sind. Kuchen im ausgeschalteten Backofen ca. 20 Minuten ruhen und anschließend auf einem Gitter abkühlen lassen. Anschließend aus der Form nehmen und auf eine Tortenplatte setzen. Mit restlichen Brombeerpüree dekorieren.

# BEEREN-TORTE

### BISKUIT:

| | |
|---|---|
| 45 g Butter | Butter schmelzen und abkühlen lassen. Eier trennen. Eigelb, warmes Wasser, Zucker und Vanillezucker schaumig schlagen. Geschmolzene Butter unterrühren. Eiweiß mit etwas Salz steif schlagen und zur Eigelbcreme geben. Mehl, Speisestärke und Backpulver vermischen und dazu geben. Pistazien unterheben. Teig in eine mit Backpapier ausgelegte 26-cm-Springform geben und im vorgeheizten Backofen bei 180 °C Ober- und Unterhitze ca. 30 Minuten backen. Danach auskühlen lassen. Boden auf eine Tortenplatte setzen und zweimal waagerecht durchschneiden. |

45 g Butter
5 Eier
6 EL warmes Wasser
180 g Zucker
1,5 Pck. Vanillezucker
1 Prise Salz
120 g Mehl
120 g Speisestärke
1 TL Backpulver
60 g Pistazien, gehackt

Butter schmelzen und abkühlen lassen. Eier trennen. Eigelb, warmes Wasser, Zucker und Vanillezucker schaumig schlagen. Geschmolzene Butter unterrühren. Eiweiß mit etwas Salz steif schlagen und zur Eigelbcreme geben. Mehl, Speisestärke und Backpulver vermischen und dazu geben. Pistazien unterheben. Teig in eine mit Backpapier ausgelegte 26-cm-Springform geben und im vorgeheizten Backofen bei 180 °C Ober- und Unterhitze ca. 30 Minuten backen. Danach auskühlen lassen. Boden auf eine Tortenplatte setzen und zweimal waagerecht durchschneiden.

### FÜLLUNG:

150 g Johannisbeergelee
600 ml Schlagsahne
3 Pck. Vanillezucker
3 Pck. Sahnesteif
500 g Quark
250 g griechischer Joghurt
75 g Puderzucker
600 g gemischte frische Beeren
2 Pck. Tortenguss
Zucker nach Packungsanweisung
Zitronenmelisse für die Deko

Die beiden unteren Böden mit dem Gelee bestreichen und den untersten Boden mit einem Tortenring umlegen. Sahne mit Vanillezucker und Sahnesteif steif schlagen. Quark und Joghurt mit Puderzucker verrühren und die Sahne anschließend unterheben. Beeren ggf. waschen, gut abtrocknen und eine Hälfte davon zur Seite legen. Die zweite Hälfte auf dem unteren Boden verteilen. Den nach Packungsanweisung zubereiteten Tortenguss noch warm auf den Beeren verteilen und abkühlen lassen. Mit einem Drittel der Creme bestreichen und mit dem zweiten Boden belegen. Das zweite Drittel der Creme darauf streichen und mit dem dritten Boden als Deckel abdecken. Restliche Creme darauf verteilen. Torte ca. 3 Stunden kühl stellen. Übrige Beeren auf der Torte anhäufeln und mit Zitronenmelisse garnieren.

# SCHWARZWÄLDER ERDBEERTORTE

### BISKUIT:

9 Eier, getrennt
1 Prise Salz
270 g Zucker
1,5 Pck. Vanillezucker
120 g Mehl
75 g Speisestärke
1,5 Pck. Backpulver
75 g Kakaopulver

Eiweiß mit Salz steif schlagen. 190 g Zucker und Vanillezucker nach und nach dazugeben und unterrühren. Eigelb verqirlen und unterziehen. Mehl, Speisestärke, Backpulver und Kakaopulver vermischen, sieben und nach und nach zur Eimasse geben. Alles zu einem glatten Teig verrühren und in eine mit Backpapier ausgelegte 26-cm-Springform füllen. Im vorgeheizten Backofen bei 180 °C Ober- und Unterhitze ca. 25 Minuten backen. Danach auskühlen lassen. Boden auf eine Tortenplatte setzen und zweimal waagerecht durchschneiden. Den unteren Boden mit einem Tortenring umlegen.

### FÜLLUNG:

1,5 kg Erdbeeren
Mark von 2 Vanilleschoten
1000 ml Schlagsahne
3 Pck. Sahnesteif
4–5 EL Erdbeerlikör
200 g Schokoraspel für die Garnitur

Die Erdbeeren in der Zwischenzeit waschen, trocknen und putzen. Davon 2/3 vierteln. Vanillemark aus den Schoten lösen. Sahne mit Sahnesteif, übrigem Zucker und Vanillemark steif schlagen. Den unteren Boden mit Erdbeerlikör beträufeln. Einen Teil der Sahne und die Hälfte der geschnittenen Erdbeeren darauf verteilen. Mit Sahne und dem zweiten Boden bedecken. Wieder eine dünne Schicht Sahne darauf geben und mit den übrigen geschnittenen Erdbeeren belegen. Etwas Sahne und den letzten Boden als Deckel darauf geben. Deckel mit der restlichen Sahne einstreichen und mit Erdbeeren und Schokoraspeln nach Belieben garnieren.

# Liten Norrland

WESTERDEICHSTRICH

Echtes Schwedenfeeling kommt im „hyggeligen" Café Liten Norrland (kleines Nordland) in Westerdeichstrich nördlich von Büsum direkt am Schleswig-Holsteinischen Nationalpark Wattenmeer auf. Die Betreiberin und gebürtige Hamburgerin Bea Vieweg ist glühender Skandinavien-Fan. Schon als kleines Kind wurde ihre Liebe zu Schweden durch die reizenden Geschichten Astrid Lindgrens geweckt. Gerne erzählt sie von der Hochzeit der Königin Silvia, die sie mit ihrer Mutter vor dem Fernseher verfolgen durfte, während die Schularbeiten liegen blieben.

Als sie mit ihrem Mann einige Zeit in Büsum verbrachte, entstand die Idee eines eigenen Cafés. „Für uns als Landratten sollte es in Büsums Speckgürtel sein." Gemeinsam mit einem schwedischen Architekten bauten sie ihr neues Haus im schwedischen Stil, in dem sich auch das Café befindet.

Einmal im Jahr reist Bea mit ihrem Mann nach Stockholm und lässt sich für ihre Kuchenträume inspirieren, die sie dann zu Hause individuell entwickelt.

Alle Kuchen sind hausgemacht. Bea legt viel Wert auf regionale Zutaten und verwendet ausschließlich natürliche Lebensmittel. Im Angebot sind ständig wechselnde Kuchen und Torten, eben ganz nach Saison und Angebot. Bea liebt die Abwechslung und Frische.

Im Liten Norrland gibt es Sahnetorten und -schnitten, Kanelbullar, die berühmten Zimtschnecken und Tartes. Der Dauerbrenner ist dabei natürlich die schwedische Mandeltorte. Als ausgebildete Barista sorgt Bea für besonders schmackhafte Kaffeekreationen.

Hier gönnt man sich seine kleine schwedische Auszeit und taucht ein in das skandinavische Flair im Liten Norrland, in dem man auch wunderbare Deko-Accessoires im Geschenke-Shop erwerben kann.

Feste mit bis zu 25 Personen können hier in geschlossener Gesellschaft gefeiert werden.

Bea etabliert die schwedischen Feste im Liten Norrland, wie z.B. den Geburtstag der schwedischen Königin Silvia am 23. Dezember.

## Sehenswürdigkeiten

- Aquarium Büsumer Meereswelten, Neueröffnung 2020 im Fischereihafen, Büsum
- Museum am Meer, Ausstellungen, Führungen und Events, März bis Oktober, Büsum
- Museumshafen, Büsum
- Deichmuseum, Büsum
- Nationalpark Schleswig-Holsteinisches Wattenmeer
- Phänomania Erlebniszentrum Büsum (Physikalische Phänomene und die Welt der menschlichen Sinne erleben), Büsum

## Aktivitäten

- Wattwanderungen, Büsum und Westerdeichstreich/Stinteck
- Wattenlaufen mit Musik des Büsumer Kurorchesters mit dem Wattenpräsidenten Momme, Juni–August, Büsum
- Führungen und Radtouren mit den Büsumer Gästelotsen, ganzjährig, Büsum
- Angeln in 3 Wehlen in Westerdeichstrich, auch für Gäste
- Reiten, Flachlandwandern, Radfahren, Nordic Walking, E-Bike- und E-Scooter-Verleih, Büsum und Westerdeichstrich
- Speedsurfen, Stinteck
- Erlebnisbad Piratenmeer, Wiedereröffnung Sommer 2021, Büsum
- Familienlagune Perlebucht: 24 Stunden Badegarantie am Sandstrand, Beachsoccer- und Beachvolleyballfelder, Grillplätze, Spielplatz, Trampolinanlage, Kitesurfen, Windsurfen, SUP und Katamaran fahren, Tretbootverleih, DLRG-Aufsicht, Büsum
- Outdoor Kartbahn, Büsum

- Schifffahrten nach Helgoland, zu den Seehundsbänken, Fangfahrt in See oder eine Hafenrundfahrt, Büsum
- Schlafstrandkörbe, Perlebucht Büsum

## Veranstaltungen

- Shantyfestival, Mai, Büsum
- Legends at the Sea, Konzertevent, Juni, Büsum
- Kutterregatta, Juli, Büsum
- Flugtage, Juli, Flugplatz Büsum
- Oldtimer- und US Car-Treffen am Fischereihafen, Veranstaltung zum Abschluss der Dithmarscher Kohltage, September
- Büsumer Lichterwoche Oktober/ November
- Open Air Sylvesterparty am Museumshafen

**Tourist-Information Westerdeichstrich**
Strandbüro „Gerhard-Dreessen-Hus", Neuenkoog 13
25761 Westerdeichstrich
0 48 34 - 96 22 56
info@westerdeichstrich.de
www.westerdeichstrich.de
Öffnungszeiten:
Mai–Sept täglich 10–15.30 Uhr
Büro (im ersten Stock):
Öffnungszeiten: ganzjährig Mo, Di, Mi 10–15 Uhr, Fr 10–13 Uhr

**Tourist-Information Büsum**
Watt'n Hus Freizeit- und Informationszentrum
Südstrand 11
25761 Büsum
0 48 34 - 90 90
info@buesum.de
www.buesum.de
Öffnungszeiten: ganzjährig
Mo–Fr 8–18 Uhr,
Sa + So 10–18 Uhr,
feiertags 10–18 Uhr

# BANANENKUCHEN
# MIT SCHOKOTOPPING

### TEIG:

100 g Butter, Zimmertemperatur
180 g feiner Zucker
3 TL Vanillezucker
3 Eier
350 g Mehl
3 TL Backpulver
1 Prise Salz
5 reife kleine Bananen
40 ml Milch

Butter und Zucker mit dem Mixer cremig rühren. Eier einzeln hinzufügen und immer wieder glatt rühren. Mehl, Backpulver, Salz vermischen, löffelweise zum Teig geben und unterrühren.

Bananen und Milch in einer Schüssel zu einem Brei zermusen. Danach unter den Teig heben. Anschließend in eine gefettete 26-cm-Springform füllen und im vorgeheizten Backofen bei 200 °C Ober- und Unterhitze auf mittlerer Schiene 45 Minuten backen (Stäbchenprobe). Danach auskühlen lassen und auf eine Tortenplatte setzen.

### TOPPING:

100 g Butter
250 g Puderzucker
150 g Frischkäse
2 TL Kakaopulver
etwas Orangenabrieb, unbehandelt
Heidelbeeren oder Himbeeren zum Garnieren

Butter mit dem Zucker zu einer Creme aufschlagen. Frischkäse, Kakao und Orangenabrieb löffelweise hinzufügen und glatt rühren. Creme auf dem Kuchen verteilen und mit Früchten garnieren. Danach kalt stellen.

# JITTERBUGS

### GRUNDREZEPT:

250 g Butter
300 g Mehl
180 g Zucker
½ TL Backpulver

Alle Zutaten in eine Schüssel geben und bis zur Bindung kneten. Teig herausnehmen und auf einer glatten Arbeitsfläche von Hand etwas weiterkneten. Anschließend zu einer Kugel formen, in Klarsichtfolie wickeln und ca. 35–40 Minuten im Kühlschrank ruhen lassen.

### FÜLLUNG:

1 Eiweiß
1 Prise Salz
100 g feiner Zucker

Dem Eiweiß eine Prise Salz hinzufügen und steif schlagen. Nach und nach den Zucker langsam hinein rieseln lassen. So lange weiterschlagen, bis der Eischnee eine feste Konsistenz hat.

Mürbeteig aus dem Kühlschrank nehmen, kurz durchkneten und auf einer bemehlten Arbeitsfläche zu einem Rechteck ausrollen.

Den Eischnee gleichmäßig auf das Teigrechteck auftragen und von der langen Seite mit Hilfe einer Backpalette vorsichtig aufrollen.

Die Teigrolle anschließend mit der angefeuchteten Palette in 2–3 cm breite Stücke schneiden. Kekse mit der Schnittfläche nach unten auf ein mit Backpapier belegtes Backblech setzen. Im vorgeheizten Backofen auf mittlerer Schiene für ca. 8–10 Minuten auf Sicht backen. Sie sind fertig, wenn sich das Baiser auf dem Keks leicht bräunlich verfärbt. Kekse auf dem Blech vollständig abkühlen lassen und erst dann in einer Dose aufbewahren.

# KANELBULLAR

## ZIMTSCHNECKEN

### HEFETEIG:

500 g Mehl
1 TL Kardamompulver
1 Pck. Vanillezucker
80 g feiner Zucker
1 Prise Salz
1 Ei
75 g Butter, Zimmertemperatur
1 Pck. frische Hefe
250 ml lauwarme Milch

Mehl, Kardamom, Vanillezucker, Zucker und Salz in einer großen Schüssel vermengen. Eine Mulde in die Mitte drücken und das Ei und die Butter hineinsetzen. Hefe vollständig in der lauwarmen Milch auflösen und zum Teig geben. Alles kräftig mit den Händen verkneten bis eine Teigkugel entsteht. Den Teig mit einem Tuch abdecken und mindestens 1 Stunde an einem warmen Ort gehen lassen. Er sollte zur Weiterverarbeitung gut aufgegangen sein.

### BELAG:

180 g brauner Zucker
1 EL Zimt
50 g weiche Butter
1 Ei
2 EL Hagelzucker

Zucker und Zimt verrühren. Teig noch einmal durchkneten und in zwei Hälften teilen. Jede Teighälfte auf einer bemehlten Arbeitsfläche zu einem Rechteck ausrollen. Mit der geschmolzenen Butter bestreichen und die Zucker-Zimt-Mischung darüber streuen. Beide Teigrechtecke jeweils von der langen Seite her aufrollen. Anschließend in 4–5 cm dicke Scheiben schneiden. Teigrollen mit der Schnittfläche auf ein mit Backpapier belegtes Backblech setzen und die Oberfläche mit dem verrührten Ei bestreichen. Abgedeckt nochmals 20 Minuten gehen lassen. Anschließend im vorgeheizten Backofen auf mittlerer Schiene bei 180 °C 15–20 Minuten backen.
Je nach Geschmack mit Hagelzucker bestreuen.

# SCHWEDISCHE MANDELTÅRTA

### MANDELBÖDEN:

8 Eiweiß
1 Prise Salz
200 g Zucker
200 g gem. Mandeln

Eiweiß mit einer Prise Salz steif schlagen und den Zucker nach und nach langsam einrieseln lassen. Solange weiterschlagen bis sich der Zucker aufgelöst hat. Es sollte ein schöner fester Eischnee entstehen.
Die gemahlenen Mandeln mit einem Löffel vorsichtig unter den Eischnee ziehen. Den Teig auf zwei mit Backpapier belegte 26-cm-Springformen verteilen und glatt streichen. Im Backofen bei 180 °C Umluft ca. 15–20 Minuten backen. Sie sollten eine leichte Bräunung bekommen. Böden anschließend in der Form erkalten lassen. Danach vom Rand lösen und auf einen Kuchenteller stürzen. Das Papier vorsichtig abziehen und die Böden wieder umdrehen.

### VANILLECREME:

Mark 1 Vanilleschote
200 ml Schlagsahne
8 Eigelb
100 g Zucker
1 Prise Salz
200 g Butter, Zimmertemperatur
70 g Puderzucker

Vanillemark und die ausgekratzte Schote zur Sahne geben. Flüssigkeit so lange erhitzen bis sie leicht kocht. Danach Schote entfernen. Die Eidotter mit dem Zucker zu einem hellen Cremeschaum aufschlagen. Die Sahne unter ständigem Rühren langsam zur Eiercreme geben. Flüssigkeit zurück in den Topf geben und bei geringer Hitze unter ständigem Rühren (ca. 5–7 Minuten) erhitzen bis die Flüssigkeit dicker wird. NICHT KOCHEN! Die fertige Creme in eine Schüssel füllen, mit Folie abdecken und bis auf Zimmertemperatur abkühlen lassen.
Die zimmerwarme Butter mit dem Puderzucker aufschlagen. Vanillecreme unter ständigem Rühren löffelweise hinzufügen bis eine schöne Buttercreme entstanden ist.
Den ersten Mandelboden mit der Buttercreme bestreichen und mit dem zweiten Boden belegen. Anschließend die ganze Torte mit Buttercreme einstreichen.

### DEKO:

100 g gehobelte Mandeln, in der Pfanne geröstet
Puderzucker

Die Torte komplett mit gerösteten Mandeln eindecken. Danach für zwei Stunden in die Kühlung stellen. Vor dem Servieren mit Puderzucker bestäuben.

# SCHWEDISCHE SONNTAGSBRÖTCHEN

**TEIG AM VORTAG ZUBEREITEN**
**12 STÜCK**

750 ml lauwarmes Wasser
1 EL Sirup, hell
5 g Trockenhefe
180 g Kleinblatt Haferflocken
670 g Dinkelmehl
1 TL Salz

Lauwarmes Wasser, bis auf einen kleinen Rest, in eine große Schüssel gießen. Sirup und Trockenhefe in einem kleinen Wasserteil auflösen und der großen Wassermenge hinzufügen. 160 g Haferflocken, Dinkelmehl und Salz mit einem großen Kochlöffel in die Flüssigkeit leicht einrühren. Teigoberfläche mit einer Folie abdecken und über Nacht in den Kühlschrank stellen. Am Folgetag mit Hilfe von zwei Esslöffeln (immer wieder ins Wasser tauchen) werden 12 Teighäufchen auf zwei mit Backpapier belegte Backbleche gesetzt. Genügend Abstand lassen, da die Brötchen größer werden.

Brötchen mit etwas Wasser einpinseln und mit den 20 g Haferflocken bestreuen. Im vorgeheizten Backofen bei 230 °C 15–20 Minuten hellbraun backen.

# ZITRONEN-TARTE

### MÜRBETEIG:

125 g Butter
1 EL Zucker
1 Ei
180 g Dinkelmehl

Zutaten in eine Schüssel geben und zügig zu einem Teig verkneten. Den Teig anschließend zu einer Scheibe formen und in eine 26-cm-Tarteform hineinarbeiten. Dabei den Rand schön hochziehen.

### FÜLLUNG:

160 g Zucker
200 ml Schlagsahne
3 Eier
3 EL Mehl
1 TL Vanillezucker
1 Limette, unbehandelt
1 Zitrone, unbehandelt
4 Physalis Beeren

Zucker, Sahne, Eier, Mehl und Vanillezucker zu einer glatten Creme verrühren. Schale der Limette und Zitrone dünn abreiben und den Saft auspressen. Abrieb und Saft zu der Eiermasse geben und unterrühren. Anschließend auf den vorbereiteten Boden gießen. Im Backofen auf mittlerer Schiene bei 160 °C Umluft ca. 30–40 Minuten backen bis die Oberfläche eine leichte Bräunung zeigt. Danach auskühlen lassen. Tarte aus der Form nehmen und mit steif geschlagener Sahne, Zitronenscheiben, Limettenscheiben und Physalis dekorieren.

# Café Tilda

## BAD BRAMSTEDT

Das Café liegt ganz zentral in Bad Bramstedt, im Kreis Bad Segeberg, im Herzen des wunderschönen holsteinischen Auenlandes.

Die Betreiberinnen Regina Niedermeier und Martina Rughase kennen sich schon seit über 20 Jahren. Die Freundinnen stammen aus der Umgebung der Rolandstadt Bad Bramstedt. Beide kommen aus dem Bäckerei-Kontitoreiwesen. Während ihrer langjährigen Zusammenarbeit entstand der Traum, ein eigenes Café zu eröffnen.

Als sie eine italienische Kaffeemaschine angeboten bekamen, war das der Startschuss für das gemeinsame Café Tilda. „Eine Kaffeemaschine ohne Bleibe sucht ein neues Zuhause. Entweder jetzt oder gar nicht", dachten sich die beiden.

So eröffneten sie am 1. Juni 2017.

Schnell wurde der NDR auf die beiden aufmerksam und präsentierte das Café in der Sendung „Mein Nachmittag".

Im liebevoll dekorierten Ambiente lässt es sich im Café Tilda herrlich schlemmen. Martina und Regina backen alle Kuchen selber und haben über 40 verschiedene Torten und Kuchen in ihrem Repertoire. Traditionelle Familienrezepte und neue Kreationen, aber auch altbewährte Klassiker kann man hier genießen.

Zu den Highlights des Cafés gehören die Raffaellotorte mit Kokos und die Nussecken.

Martina und Regina schaffen mit ihrer herzlichen Art ein heimeliges Wohlgefühl.

Auch Frühstück ist hier sehr beliebt und wird täglich angeboten. Im Winter sollte man zur Sicherheit reservieren.

Wer mittags Appetit verspürt, kann sich im Café Tilda mit Flammkuchen, Nudeln oder einem Süppchen stärken.

Festlichkeiten für bis zu 30 Personen mit Buffet oder einem kleinen Imbiss können bei den freundlichen Gastgeberinnen täglich gefeiert werden.

**Sehenswürdigkeiten:**
- Maria-Magdalenen-Kirche aus dem 14. Jahrhundert, Bad Bramstedt
- Bramstedter Schloss, Bad Bramstedt
- Fayencenmuseum, Kellinghusen
- Museum Tuch und Technik, Neumünster
- Gerisch Skulpturenpark, Neumünster

**Aktivitäten**
- Von zahlreichen Auen durchzogen ist Bad Bramstedt ein beliebtes Revier für Kanufahrer. Es gibt zahlreiche Bootsverleihe
- Ausflüge mit der Moorbahn durch das Mooraufbereitungsgelände, Bad Bramstedt
- Wanderwegnetzwerk, 5 Rundwanderwege
- Fahrradtouren durch das Auenland Schleswig-Holsteins
- Warmwasserfreibad Rolandoase mit Sauna, Bad Bramstedt
- Holstentherme, Kaltenkirchen
- 2 Golfplätze, 9- und 18-Loch, Bad Bramstedt
- Garten der Sinne, Kurpark Bad Bramstedt
- Wildpark Eekholt, Großenaspe

**Veranstaltungen**
- Kurkonzerte, sonntags 15.30 Uhr im Theater Bad Bramstedt (Theateraufführungen und Konzerte ganzjährig)
- Geranienmarkt, Mai, Kellinghusen
- Töpfermarkt, August, Kellinghusen
- Lilienkronlauf, August, Kellinghusen

**Tourist-Information Bad Bramstedt**
Bleeck 17–19, 24576 Bad Bramstedt
Tel.: 0 41 92 - 5 06 27, Fax: 0 41 92 - 5 06 80
touristinfo@bad-bramstedt. de, www.bad-bramstedt.de
Öffnungszeiten: Mo–Fr 10–13 Uhr sowie Mo, Di, Fr 15–17 Uhr, Do 15–18 Uhr (Mittwoch Nachmittag geschlossen)

## AUSFLUGSTIPPS

Bad Bramstedt liegt sowohl am „Mönchsweg" als auch am „Ochsenweg".

Der „Mönchsweg" ist ein ca. 530 km langer Radfernweg, der den Spuren der Mönche folgt, die das Christentum im Mittelalter in den Norden brachten. Er führt von Bremen über Puttgarden bis nach Dänemark, vorbei an Jahrhunderte alten Kirchen. Der Mönchsweg führt einen durch die Kultur und Landschaft unseres schönen Nordens.

Der ca. 250 km lange „Ochsenweg" (dänisch Haervejen) war im 19. Jahrhundert eine wichtige Verbindung über Land zwischen Dänemark und Wedel in Schleswig-Holstein. Bauern nutzten ihn als Treibweg für ihr Vieh, Kaufleute, Soldaten und Pilger als direkte Verbindung in südliche Richtung. Abseits der gängigen Verkehrswege können Radfahrer auf einer Tour durch Moorgebiete und Marschlande, Wälder und Wiesenlandschaften vorbei an Seen und entlang an Flüssen einen Eindruck der Natur und Historie Norddeutschlands und Dänemarks bekommen. Auf dem Weg durchfährt man einige sehenswerte Dörfer und Städte wie Rendsburg und Neumünster.

# RAFFAELLO-ERDBEER-TORTE

### BISKUIT:

6 Eier
1 Prise Salz
250 g Zucker
150 g Mehl
1 Pck. Vanille-Puddingpulver
1 TL Backpulver

Eier und eine Prise Salz in der Küchenmaschine ca. 8 Minuten cremig aufschlagen, dabei den Zucker einrieseln lassen. Mehl, Puddingpulver und Backpulver vermischen, auf die Eimasse geben und gut unterheben. Teig in eine mit Backpapier ausgelegte 26-cm-Springform füllen und im vorgeheizten Backofen bei 150 °C ca. 40 Minuten backen. Danach gut auskühlen lassen. Boden auf eine Tortenplatte setzen und zweimal waagerecht durchschneiden. Den unteren Boden mit einem Tortenring umlegen.

### FÜLLUNG:

400 g Erdbeeren
150 g Kokos-Mandel-Konfekt (Raffaello)
250 g Magerquark
250 g Mascarpone
1 Pck. Vanillezucker
50 g Puderzucker
50 g Kokosraspel
400 ml Schlagsahne, geschlagen

Erdbeeren waschen, putzen und in Scheiben schneiden. Sechs Kokos-Konfekt zum Verzieren zur Seite legen und restliche klein hacken. Quark, Mascarpone, Vanillezucker und Puderzucker verrühren. Kokosraspel und das gehackte Konfekt unter die Quarkmasse geben. Die Hälfte der geschlagenen Sahne unterheben.
Die Hälfte der Erdbeeren auf dem unteren Boden verteilen. Die Hälfte der Creme auf die Erdbeeren geben und dieses mit dem zweiten Boden wiederholen. Den letzten Boden auf die Creme legen. Den Deckel mit der restlichen Sahne einstreichen. Mit zwölf Sahnetuffs und dem restlichen Konfekt verzieren.

# NUSSECKEN

### MÜRBETEIG:
250 g kalte Butter
250 g Zucker
450 g Mehl
1 Pck. Vanillezucker
1 TL Backpulver
2 Eier
1 Prise Salz

Alle Zutaten mit dem Knethaken des Rührgerätes grob vermischen. Danach mit den Händen zu einem glatten Teig verkneten und in Frischhaltefolie eine Stunde im Kühlschrank ruhen lassen.

### NUSSMASSE:
250 g Butter
250 g Zucker
1 Pck. Vanillezucker
100 ml Schlagsahne
250 g Haselnüsse, gehackt
250 g Mandeln, gehackt
250 g Walnüsse, gehackt
geschmolzene Schokolade nach Belieben

Butter in einem hohen Topf schmelzen. Zucker, Vanillezucker, Sahne und Nüsse hinzufügen und verrühren. Topf anschließend vom Herd nehmen. Den Mürbeteig auf einem Stück Backpapier, so groß wie das Backblech, ausrollen. Anschließend auf das Backblech ziehen und mehrmals mit einer Gabel einstechen. Nussmasse gleichmäßig auf dem Teig verteilen und glatt streichen. Im vorgeheizten Backofen bei 170 °C ca. 18–22 Minuten goldgelb backen. Nach dem Backen noch heiß in Dreiecke schneiden. Die Nussecken nach Belieben mit Schokolade beträufeln.

# SCHOKOKUGELN

50 g Butter
350 g Zartbitter-Schokolade
3 Eier
100 g Zucker
3 EL Milch
120 g Mehl
1 TL Backpulver
100 g gem. Mandeln

zum Wälzen der Kugeln:
je 50 g Puderzucker und Zucker

Butter und Schokolade zusammen schmelzen. Eier und Zucker ca. 5 Minuten mit dem Mixer aufschlagen und unter die Schokolade heben. Milch, Mehl, Backpulver und zuletzt die Mandeln ebenfalls unterheben. Die Masse im Kühlschrank fest werden lassen. Aus dem Teig ca. 4 cm große Kugeln formen und zuerst in Zucker, dann in Puderzucker wälzen. Kugeln auf ein mit Backpapier belegtes Backblech setzen und im vorgeheizten Backofen bei 190 °C ca. 8–10 Minuten backen.

# SCHOKOTARTE

200 g dunkle Schokolade (70%)
100 ml Milch
150 g Zucker
1 Pck. Vanillezucker
100 g weiche Butter
2–3 EL Mehl
3 Eiweiß
1 Prise Salz
3 Eigelb
Puderzucker zum Bestäuben

Schokolade mit der Milch in einem Topf schmelzen. Anschließend von der Herdplatte nehmen und den Zucker und Vanillezucker mit einem Holzlöffel unterrühren. Butter unterheben und das Mehl untermischen. Das Eiweiß mit einer Prise Salz steif schlagen. Eigelb unter die Schoko-masse rühren und den Eischnee vorsichtig unterheben. Den Teig in eine gefettete 24-cm-Springform füllen und im vorgeheizten Backofen auf der zweituntersten Schiene bei 200 °C 10 Minuten backen, danach auf 180 °C runterschalten und weitere 25 Minuten zu Ende backen. Auskühlen lassen und mit Puderzucker bestäuben.

# SCHWEDISCHE MANDELTORTE

4 Eiweiß
1 Prise Salz
200 g Zucker
200 g gemahlene Mandeln mit Haut

Eiweiß mit einer Prise Salz sehr steif schlagen. Den Zucker nach und nach einrieseln lassen. Mandeln unter den Eischnee heben. Die Hälfte der Masse in eine mit Backpapier ausgelegte 26-cm-Springform und im vorgeheizten Backofen bei 175 °C Umluft ca. 18–20 Minuten backen. Mit der zweiten Hälfte des Teiges ebenso verfahren.

### VANILLECREME:

200 g Schlagsahne
200 g Zucker
4 Eigelb
150 g weiche Butter
75 g Mandelblättchen zum Bestreuen

Sahne und Zucker in einem Topf unter ständigem Rühren langsam aufkochen. 4 Eigelb in einer kleinen Schüssel verrühren und die heiße Sahne im dünnen Strahl unterrühren. Die Masse nun zurück in den Topf geben und auf kleinster Stufe ca. 20–25 Minuten unter ständigem Rühren mit dem Holzlöffel andicken lassen. Anschließend die zimmerwarme Butter unter die ausgekühlte Creme heben. Den ersten Boden auf eine Tortenplatte setzen und die Hälfte der Creme darauf verstreichen. Mit dem zweiten Boden wiederholen und aufeinander setzen. Mandeln in einer Pfanne rösten und auf die Torte geben.

# WINDBEUTEL MIT PFLAUMENKOMPOTT

### 5–8 WINDBEUTEL, JE NACH GRÖSSE

| | |
|---|---|
| 125 ml Milch | Milch, Wasser, Butter und Salz in einem Topf aufkochen. Mehl und Backpulver auf einmal hinzufügen und mit einem Lochlöffel unterrühren. Rühren bis sich der Teig als Kloß vom Topfboden löst. Topf von der Herdplatte nehmen. Teig in eine Schüssel geben, 1 Ei unterrühren und den Teig etwas abkühlen lassen. Anschließend 3 Eier nacheinander unterrühren, bis ein geschmeidiger Teig entsteht. Teig in einen Spritzbeutel mit großer Sterntülle (Größe 16–17) füllen. Zwei Back-bleche mit Backpapier belegen und 5–8 Windbeutel darauf spritzen. Bleche nacheinander im vorgeheizten Backofen bei 225 °C Umluft ca. 25–30 Minuten backen. Danach aus dem Ofen nehmen, sofort mit einer kleinen Schere aufschneiden und auskühlen lassen. |

125 ml Wasser
100 g Butter
1 Prise Salz
200 g Mehl
¼ TL Backpulver
4 Eier

### PFLAUMENKOMPOTT:

| | |
|---|---|
| 500 g Pflaumen/Zwetschgen | Die Pflaumen/Zwetschgen ca. 5 Minuten im Apfelsaft köcheln lassen. Vanille-Soßenpulver mit Zucker und Zimt mischen und mit 50 ml Wasser glatt rühren. Das angerührte Soßenpulver mit den gekochten Pflaumen vermengen und ca. 1 Minute aufkochen lassen. Anschließend abkühlen lassen. |

350 ml Apfelsaft
1 Pck. Vanille-Soßenpulver
1 Prise Zimt
50 ml Wasser

| | |
|---|---|
| 500 ml Schlagsahne, geschlagen | 3 gehäufte Esslöffel Sahne auf dem Boden jedes Windbeutels geben, das Pflaumenkompott darauf verteilen und die Deckel auflegen. Zum Schluss nach Belieben mit Zimt und Puderzucker bestäuben. |

Zimt und Puderzucker zum Bestäuben

# Gut Warleberg

NEUWITTENBEK

Im Obstcafé vom Gut Warleberg in Neuwitten-bek südlich von Gettorf sitzt man ganz malerisch auf einem der Hügel der Obstplantage und schaut hinunter auf den Nord-Ostsee-Kanal, der dort eine scharfe Kurve macht. Die Schiffe schalten ein paar Knoten runter und schippern ganz gemächlich vorbei. Kreuzfahrtschiffe, Lastkähne, Ausflugsboote, Frachter und Yachten wechseln sich auf ihrem Weg ab und wecken in einem das Fernweh. Hier kann man die Seele baumeln lassen. Mit einem Stück der köstlichen Kuchen auf dem Teller, belegt mit frisch geerntetem Obst der Plantage, ist die Welt perfekt. Entschleunigung pur.

Warleberg besteht aus dem Gut, einer Mühle und dem Obsthof Warleberg, betrieben von der Familie Buchenau. Alleine neun Sorten Erd-beeren werden hier jährlich angepflanzt. Man findet aber auch Himbeeren, Johannis- und Heidelbeeren, Äpfel und Pflaumen. Vier Hektar sind für Besucher zum Selbstpflücken reserviert.

Ein Ausflug nach Gut Warleberg lohnt sich auch im Frühsommer. Erst sind die Süßkirschen reif, dicht gefolgt von Sauerkirschen und Schattenmorellen. Wenn die Kirschbäume blühen, hat der Kanalblick eine ganz besonders romantische, zauberhafte Kulisse.

Die fleißigen Bäckerinnen des Cafés können für ihre Kuchenkreationen aus dem Vollen schöpfen. So gibt es im Obstcafé je nach Saison die frischesten Obstkuchen. Am beliebtesten sind der Kirsch-Streusel- und der Stachelbeer-Baiser-Kuchen.

## AUSFLUGSTIPPS

**Sehenswürdigkeiten:**
- Tierpark Gettorf, Gettorf
- Freilichtmuseum Molfsee
- Sehestedt, das durch den Kanal geteilte Dorf, mit Markttreff und Wohnmobilstellplatz
- Düvelstein: größter Findling Schleswig-Holsteins aus der Bronzezeit, Lindau/Großkönigsförde

**Aktivitäten**
- Radfahren auf der NOK-Route: Malerische Seenlandschaften, beeindruckende Hafenstädte und Hochseeschiffe zeichnen eine Fahrradtour entlang des Nord-Ostsee-Kanals aus. Während man Seite an Seite mit riesigen Kreuzfahrtschiffen entlang der meistbefahrenen künstlichen Wasserstraße der Welt fährt, kann man zahlreiche interessante Sehenswürdigkeiten auf der Strecke bewundern

**Veranstaltungen**
- Kieler Woche, Juni, Kiel
- SH Netzcup, das härteste Ruderrennen der Welt, September/Oktober, Kreishafen Rendsburg,
- NOK-Romantika, das größte Lichterfest in Schleswig-Holstein am Nord-Ostsee-Kanal von Brunsbüttel bis Kiel, jährlich am ersten Sonnabend im September

**Touristische Arbeitsgemeinschaft Nord-Ostsee-Kanal e.V.**
Altstädter Markt 1–5, 24768 Rendsburg
Tel.: 0 43 31- 6 96 38 44, Fax: 0 43 31- 6 96 38 45
Mail: info@nok-sh.de, Internet: www.nok-sh.de, www.nok-route.de

# KIRSCH-STREUSELKUCHEN

### RÜHRTEIG:

250 g Margarine
200 g Zucker
4 Eier
250 g Mehl
1 Pck. Backpulver
3 Gläser Sauerkirschen (á 370 g Abtropfgewicht)

Margarine, Zucker, Eier, Mehl und Backpulver zu einem Rührteig verarbeiten und auf ein mit Backpapier belegtes Backblech streichen. Abgetropfte Kirschen darauf verteilen.

### STREUSEL:

175 g Margarine
200 g Zucker
2 Pck. Vanillezucker
250 g Mehl
100 g Amarettini (zerkleinert)

Zutaten krümelig zu Streuseln verarbeiten und auf den Kirschen verteilen. Im vorgeheizten Backofen bei 160 °C ca. 60 Minuten backen. Danach auskühlen lassen.

# BUTTERKUCHEN

### TEIG:

4 Eier
400 g Zucker
2 Becher Schmand
500 g Mehl
1 ½ Pck. Backpulver

Eier und Zucker schaumig rühren und den Schmand unterziehen. Mehl und Backpulver vermischen, darüber sieben und unterrühren. Teig auf einem mit Backpapier belegten Backblech verstreichen und im vorgeheizten Backofen bei 160 °C ca. 15 Minuten backen.

### BELAG:

ca. 6 EL Schlagsahne
125 g Butter
200 g Zucker
ca. 200 g Mandelblättchen

Sahne, Butter und Zucker erhitzen und die Mandelblättchen hinzufügen. Mandelmasse auf dem vorgebackenen Kuchen gut verteilen und alles bei 160 °C Umluft weitere 10 Minuten backen.

# MOHNKUCHEN

### KRÜMELTEIG (KNETTEIG):
180 g Margarine
180 g Zucker
1 Ei
360 g Mehl
1 Pck. Backpulver

Alle Zutaten mit dem Knethaken auf Stufe 1–2 zu einem
krümeligen Teig verarbeiten. Anschließend auf einem
mit Backpapier belegten Backblech verteilen.

### FÜLLUNG:
500 ml Wasser
1000 ml Milch
300 g Zucker
175 g Grieß
350 g Mohn
1 Pck. Vanille-Puddingpulver
250 g kalte Butter

Wasser, Milch und Zucker aufkochen. Grieß, Mohn und
Vanille-Pudding miteinander vermengen, in die
kochende Milch rühren und ca. 5–8 Minuten aufkochen.
Die kalte Butter unterziehen und erkalten lassen.

### STREUSEL:
150 g Margarine
150 g Zucker
250 g Mehl
1 Pck. Backpulver

Alle Zutaten mit dem Knethaken auf Stufe 1 locker
verarbeiten.

### FERTIGSTELLUNG:
200 ml Schlagsahne
3 Eier

Sahne und Eier verquirlen, unter die erkaltete
Mohnmasse ziehen und auf dem Teig verteilen. Glatt
streichen und die Streusel darauf geben.
Im vorgeheizten Backofen bei 160 °C Umluft
ca. 60–70 Minuten backen. Danach auskühlen lassen.

# STACHELBEER-BAISER-KUCHEN

### RÜHRTEIG:

300 g Margarine
300 g Zucker
10 Eigelb
300 g Mehl
2 Pck. Backpulver
4 EL Milch

Margarine, Zucker, Eigelb, Mehl, Backpulver und Milch zu einem Rührteig verarbeiten und auf zwei mit Backpapier belegte Backbleche streichen.

### BAISERHAUBE:

10 Eiweiß
2 Prise Salz
500 g Zucker

5 Eiweiß auf höchster Stufe anschlagen, ein Prise Salz hinzugeben. Nach und nach 250 g Zucker einrieseln lassen, bis der Eischnee steif ist. Anschließend auf dem Rührteig des ersten Blechs verstreichen. Im vorgeheizten Backofen bei 165 °C Umluft ca. 25 Minuten backen. Währenddessen den Vorgang wiederholen und anschließend das zweite Blech backen.

### FRÜCHTE:

1 kg Stachelbeeren
ca. 100 g Gelierzucker

Stachelbeeren und Gelierzucker aufkochen. Nicht zu lange, damit die Früchte nicht zerfallen. Danach abkühlen lassen.

1000 ml Schlagsahne
5 Pck. Vanillezucker
1 Fl. Vanillearoma
3 Pck. Sahnesteif
1 Pck. Cremepulver
(z.B. Paradies-Creme)

Sahne anschlagen und Vanillezucker, Vanillearoma und Sahnesteif hinzufügen. Zum Schluss das Cremepulver einrieseln lassen. Das Sahnegemisch unter die erkalteten Stachelbeeren heben, auf dem ersten Baiserboden verteilen und mit dem zweiten Baiserboden als Deckel belegen.

# SCHWARZER PETER

| | |
|---|---|
| 4 Eier | Eier und Zucker cremig aufschlagen. Kakaopulver unterrühren. Kokosfett |
| 300 g Zucker | schmelzen und vorsichtig unter die Ei-Kakao-Masse ziehen. |
| 5 EL Kakaopulver | Creme und Butterkekse abwechselnd in der mit Backpapier ausgelegten |
| 250 g Kokosfett | 25x11-cm-Kastenform schichten und anschließend kalt stellen, am besten |
| ca. 250 g Butterkekse | über Nacht. |

# QUARKKUCHEN MIT HEIDELBEEREN UND STREUSEL

### KRÜMELTEIG (KNETTEIG):

125 g Margarine
100 g Zucker
½ Pck. Vanillezucker
1 Ei
250 g Mehl
1 Pck. Backpulver

Margarine, Zucker, Vanillezucker und Ei schaumig schlagen. Mehl und Backpulver vermischen, darüber sieben und unterrühren. Alles auf einmal mit dem Knethaken Stufe 1 verarbeiten und auf einem mit Backpapier belegten Backblech verteilen.

### QUARKMASSE:

1,5 kg Magerquark
200 g Zucker
1 ½ Pck. Vanille-Puddingpulver
2 Pck. Vanillezucker
3 Eier
125 ml Sonnenblumenöl
250 ml Milch

Zutaten miteinander verrühren.

### OBSTEINLAGE:

650 g Heidelbeeren
(TK-Ware nicht auftauen)
(davon 50 g für die Dekoration beiseite stellen)

Ca. 600 g Heidelbeeren unterziehen und auf dem Krümelteig verstreichen.

### STREUSEL:

75 g Margarine
75 g Zucker
125 g Mehl
½ Pck. Backpulver

Alle Zutaten auf einmal mit dem Knethaken Stufe1 zu Streuseln verarbeiten.
50 g Heidelbeeren und Streusel abwechselnd diagonal auf der Quarkmasse dekorieren. Im vorgeheizten Backofen bei 145 °C Umluft ca. 50 Minuten backen.

# Gartencafé

## SÜDERDEICH

Das Gartencafé befindet sich im Reetdachdorf Süderdeich zwischen der Hebbelstadt Wesselburen und dem Nordseebad Büsum in Dithmarschen.

Die Betreiberin Frauke Köster konnte sich schon 2008 ihren großen Traum eines eigenen Cafés erfüllen. Im Winter sitzt man in gemütlichem Ambiente in der liebevoll eingerichteten Kaffeestube.

Einzigartig ist aber das traumhafte Gartenparadies, in dem man in den warmen Monaten nach dem Einkehren die Seele baumeln lassen kann. Hier kann man nach einer Radtour rasten und in sehr privater Atmosphäre unter Rosensträuchern Kraft tanken.

Zur Stärkung wird man mit Eierlikörtorte, Erdbeerkuppeltorte, Cookies und Blechkuchen verwöhnt. „Aber bitte mit Sahne" lautet hier das Motto. Die XXL-Stücke sind legendär und lockten sogar den NDR mit der Sendung „Mein Nachmittag" in das kleine Dorf in Norddeutschland. Frauke serviert handgefilterten Kaffee noch traditionell in Kännchen, und wenn die Chefin grade in der Backstube des kleinen verwunschenen Häuschens steht, wird man von den lieben Angestellten und Gartenfeen verwöhnt. Beim Vorbeifahren fällt einem vor dem Haus sofort ein Puppenpaar in Lebensgröße auf: Oma und Opa auf der Gartenbank. Hier einzukehren kann man von ganzem Herzen empfehlen.

## Sehenswürdigkeiten

- St. Bartholomäus-Kirche, Barocker Kirchenraum und Spielstätte des Schleswig-Holstein Musik Festivals und für viele namhafte Konzerte, Wesselburen
- Hebbel-Museum mit großer Schriftsteller-Bibliothek, Wesselburen
- KOHLosseum mit Krautwerkstatt und Kohlmuseum, Wesselburen
- Historische Stadt- und Kirchenführungen, Wesselburen
- Eidersperrwerk an der Nordseemündung, Wesselburenerkoog
- UNESCO Weltnaturerbe Wattenmeer
- Multimar Wattforum, interaktive Erlebnisausstellung, Tönning

## Aktivitäten

- Wattführungen mit Nationalpark-Wattführer, Wesselburen, Tönning, Hedwigenkoog
- Beheiztes Freibad, Wesselburen
- Geführte Fahrradtouren
- Hebbel-Rundwanderweg
- NABU Katinger Watt, Veranstaltungen und Führungen, Tönning

## Veranstaltungen

- Stadtfeste, Juli, Markt, Wesselburen
- Wesselburener Orgelsommer, Orgelkonzerte in der St. Bartholomäus Kirche, Juli/August, Wesselburen
- Wesselburener Sommerabende mit Live Musik, Juli/August, Markt, Wesselburen
- Staffeltriathlon, August, Wesselburen
- Dithmarscher Kohltage, September, Kohlosseum, Wesselburen
- Adventsmarkt, St. Bartholomäus-Kirche, 1. Adventssonntag Wesselburen

**Tourist-Information Wesselburen**
Am Markt 5, 25764 Wesselburen
Tel.: 0 48 33 - 41 01
info@nordseebucht.de, www.wesselburen-ferien.de
Öffnungszeiten: Nachsaison: Dez–Feb Mo 9–12.30 Uhr +14.30–16.30 Uhr, Nebensaison: März–Juni sowie Ende Sept–Dez: Mo–Fr 9–12.30 Uhr, Mo 14.30–16.30 Uhr, Hauptsaison: Juli–Ende Sept (Dithmarscher Kohltage) Mo–Fr 9–12.30 Uhr, 14.30–16.30 Uhr, Prospekte im Foyer 9–16.30 Uhr

# BROMBEERSCHNITTE

### BISKUIT:
6 Eier
120 g Zucker
100 g Mehl
100 g Speisestärke
1 ½ TL Backpulver

Eier und Zucker schaumig schlagen. Mehl, Speisestärke und Backpulver vermischen, darüber sieben und unterheben. Teig in eine mit Backpapier ausgelegte 30-cm-Springform füllen und im vorgeheizten Backofen bei 160 °C ca. 30–35 Minuten backen. Danach auskühlen lassen. Biskuit zweimal waagerecht durchschneiden und in drei 12 x 26 cm große Rechtecke schneiden. Eine Kastenform mit Klarsichtfolie auskleiden.

### FÜLLUNG:
450 g Brombeeren
250 g Joghurt
10 EL Vanillezucker
2 Pck. Sofort-Gelatine
800 ml Schlagsahne, geschlagen
8 EL Brombeer-Konfitüre

200 g Brombeeren pürieren und durch ein Sieb streichen. Joghurt, Vanillezucker und Gelatine verrühren. Sahne unterheben. Die Masse halbieren. Unter die eine Hälfte das Brombeerpüree heben und beiseite stellen. Nach Belieben 250 g Brombeeren unter die restliche Masse heben.
Den unteren Boden in die Kastenform geben und mit 4 EL Brombeer-Konfitüre bestreichen. Die Hälfte der Sahne mit den Brombeeren darauf verteilen. Mit dem zweiten Boden ebenso verfahren und mit dem dritten Boden belegen. Kastenform auf eine Tortenplatte stürzen, Form entfernen und die Folie vorsichtig abziehen. Anschließend den Kuchen rundherum mit der beiseitegestellten Brombeersahne einstreichen. Mindestens 4 Stunden kalt stellen, besser über Nacht. Vor dem Servieren mit Brombeeren und Sahnetuffs dekorieren. Sehr gut eignen sich für diesen Kuchen auch Heidelbeeren.

# EIERLIKÖRTORTE

### SCHOKO-BISKUIT:

6 Eier
220 g Zucker
125 g Mehl
1 ½ TL Backpulver
25 g Kakaopulver

Eier und Zucker 10–15 Minuten schaumig schlagen. Mehl und Backpulver vermischen, darüber sieben und zusammen mit dem Kakao unterrühren. Teig in eine mit Backpapier ausgelegte runde oder eckige 30-cm-Springform füllen und im vorgeheizten Backofen bei 160 °C ca. 45 Minuten backen. Danach auskühlen lassen. Boden auf eine Tortenplatte setzen und einmal waagerecht durchschneiden. Den unteren Boden mit einem Tortenring umlegen.

### FÜLLUNG:

3 Dosen Mandarinen
(à 175 g Abtropfgewicht)
600 ml Schlagsahne
3 Pck. Sahnesteif
3 Pck. Vanillezucker
200 g Aprikosenkonfitüre
500 g Naturjoghurt
250 ml Eierlikör
2 Pck. Sofort-Gelatine

Mandarinen abtropfen lassen. Sahne mit Sahnesteif und Vanillezucker steif schlagen. Aprikosenkonfitüre, Joghurt, Eierlikör und Sofort-Gelatine miteinander verrühren. Sahne und Mandarinen unterheben. Füllung auf dem unteren Boden verstreichen. Mit dem zweiten Boden als Deckel belegen und 4–5 Stunden kalt stellen.

### BELAG:

200 ml Schlagsahne
2 Pck. Sahnesteif
Eierlikör zum Verzieren

Ring entfernen, Sahne mit Sahnesteif steif schlagen und Torte mit der Sahne einkleiden. Die Torte mit Eierlikör verzieren.

# ERDBEER-KUPPELTORTE

### ERDBEERSOSSE:

750 g Erdbeeren
150 g Puderzucker
1 Pck. Vanille-Soßenpulver
(ohne Kochen)

Erdbeeren waschen, putzen, würfeln und zusammen mit dem Puderzucker pürieren. Vanille-Soßenpulver unterrühren und anziehen lassen.

### BISKUIT:

6 Eier
120 g Zucker
100 g Mehl
100 g Speisestärke
1 ½ TL Backpulver

Eier und Zucker 10–15 Minuten schaumig schlagen. Mehl, Stärke und Backpulver vermischen, darüber sieben und unterheben. Teig in eine mit Backpapier ausgelegte 28-cm-Springform füllen und im vorgeheizten Backofen bei 160 °C ca. 30–35 Minuten backen. Danach auskühlen lassen. Tortenboden einmal waagerecht durchschneiden. Der obere Boden sollte dünner als der untere sein.

### FÜLLUNG:

750 g Erdbeeren
250 g Mascarpone
250 g Naturjoghurt
1 EL Zitronensaft
10 EL Vanillezucker
8 EL Erdbeersoße (siehe oben)
2 Pck. Sofort-Gelatine
400 ml Schlagsahne, geschlagen

Erdbeeren waschen, putzen und klein schneiden. Mascarpone, Joghurt, Zitronensaft und Vanillezucker verrühren. Erdbeersoße und Gelatine unterrühren. Sahne und Erdbeeren unterheben.

Den oberen, dünneren Boden in eine mit Folie ausgelegte Schüssel mit gleichem Durchmesser legen und etwas hineindrücken. Füllung darauf geben und glatt streichen. Mit dem zweiten Boden belegen und über Nacht kalt stellen.
Torte mit der Oberseite nach unten auf eine Tortenplatte stürzen und die Folie entfernen.

### GARNITUR:

400 ml Schlagsahne
2 Pck. Sahnesteif
2 EL Vanillezucker
10 EL Erdbeersoße (siehe oben)
500 g Erdbeeren (halbiert)

Sahne mit Sahnesteif und Vanillezucker steif schlagen. Erdbeersoße unterrühren. Torte üppig mit Sahne einkleiden, mit der restlichen Erdbeersoße übergießen. Den Rand mit Erdbeerhälften umstellen.

# GRANATAPFEL-TORTE

### BISKUIT:

| | |
|---|---|
| 6 Eier | |
| 120 g Zucker | |
| 100 g Mehl | |
| 100 g Speisestärke | |
| 1 TL Backpulver | |
| 150 g Krokant | |

Eier und Zucker schaumig rühren. Mehl, Speisestärke und Backpulver vermischen und unterheben. Teig in eine mit Backpapier ausgelegte 26-cm-Springform füllen und im vorgeheizten Backofen bei 175 °C ca. 25–30 Minuten backen. Danach auskühlen lassen. Boden auf eine Tortenplatte setzen und einmal waagerecht durchschneiden. Den unteren mit einem Tortenring umlegen. Der zweiten Boden kann für eine weiteren Torte gut einfroren werden. Krokant in einer Pfanne leicht anrösten und auf dem abgekühlten Boden verteilen.

### FÜLLUNG:

| | |
|---|---|
| 500 g Joghurt | |
| Saft von 2 Zitronen | |
| 250 g Mascarpone | |
| 2 Beutel Sofort-Gelatine | |
| 4–5 EL Vanillezucker | |
| 400 ml Schlagsahne, geschlagen | |

Joghurt, Zitronensaft, Mascarpone, Gelatine und Vanillezucker miteinander verrühren. Sahne unterheben. Füllung auf dem Boden verteilen, glattziehen und den Tortenring eventuell etwas hochziehen.

### SPIEGEL:

| | |
|---|---|
| 2 große Granatäpfel | |
| 150 ml Granatapfelsirup (Grenadine) | |
| 120 g Zucker | |
| 3 Pck. Tortenguss, rot | |
| Marzipan für die Deko | |

Granatäpfel auspressen. Granatapfelsaft, -sirup und Zucker aufkochen. Tortenguss nach Packungsanweisung hineinrühren. Spiegel auf die Füllung gießen und verstreichen. Torte anschließend drei Stunden in den Kühlschrank stellen. Den Rand mit ausgestochenen Marzipanfiguren verzieren.

# SCHOKOLADEN-COOKIES

160 g Weizenmehl
2 gestr. TL Backpulver
1 Pck. Vanille-Puddingpulver
150 g Zucker
3 Tropfen Butter-Vanille-Aroma
150 g weiche Butter
2 Eier
150 g Schoko-Tröpfchen

Alle Zutaten, bis auf die Schoko-Tröpfchen, in eine
Rührschüssel geben und alles miteinander zu einem
Teig verrühren. Zuletzt die Schoko-Tröpfchen
unterheben.
Mit Hilfe von 2 Teelöffeln walnussgroße Häufchen
mit genügend Abstand auf ein mit Backpapier
belegtes Backblech setzen, da die Plätzchen
zerlaufen. Im vorgeheizten Backofen bei 180 °C
Heißluft ca. 20 Minuten backen. Danach auskühlen
lassen und in einer Keksdose verwahren.

# HerzhaftSüß & Mee(h)r

TRAVEMÜNDE, PRIWALL

Das Café „HerzhaftSüß & Mee(h)r" befindet sich auf der drei Kilometer langen Halbinsel namens Priwall an der Travemündung. Man erreicht es aus westlicher Richtung mit Auto, Fahrrad oder spazierend mit der Priwallfähre und über Land aus östlicher Richtung über Dassow.

Die Betreiber sind ein wahres Dreamteam: Luzy Carstensen ist Konditormeisterin, Carsten Carstensen ist Bäcker- und Konditormeister und Peter Grundmann ist Koch. Und so ergibt sich der Name des einzigartigen Cafés „HerzhaftSüß & Mee(h)r", in dem das Dreiergespann ein kulinarisches Rundum-sorglos-Paket bietet.

Luzy und Carsten lernten sich bei ihrer Konditorenausbildung kennen und besuchten gemeinsam die Meisterschule. Anschließend gingen beide in die Schweiz und brachten nach fünf tollen Jahren in einer Bäckerei und Konditorei am Zürichsee von dort viele wertvolle Erfahrungen mit. Wieder in der Heimat lernten die beiden den Koch Peter Grundmann in Garding kennen. Dort entstand der Traum eines gemeinsamen Cafés, den sich die drei im Dezember 2017 an diesem einzigartigen Standort erfüllen konnten.

Luzy und Carsten leben ihre Leidenschaft für das Backen in den Kuchen- und Tortenkreationen voll aus. Die Rezepte sind wahre Konditormeisterstücke. Ihr Renner ist die Erdbeer-Minz-Sahnetorte.

Früh morgens holen sich die Segler hier die von Luzy frisch gebackenen Brötchen. Man kann aber auch im Café spontan frühstücken, sich beim täglich wechselnden Mittagsmenü stärken und herzhaft zu Abend essen.

Im „HerzhaftSüß & Mee(h)r" sitzt man direkt am Wasser des Jachthafens. Während man kulinarisch verwöhnt wird, fahren malerisch die Schiffe und Frachter vorbei. Das Café ist bis 22 Uhr geöffnet, und so hat man die einmalige Gelegenheit, bei einem Sundowner die untergehende Sonne vor der Skyline Travemündes zu genießen.

**Sehenswürdigkeiten:**
- Ostseestation Priwall, Aquarien und Umweltzentrum
- Viermastbark „PASSAT", Travemünde
- Passat Hafen, ehemaliger U-Boothafen, Platz für 500 Segelboote, Travemünde
- Fischereihafen, Travemünde
- Seebadmuseum Travemünde
- Brodtener Steilufer, Travemünde
- Alter Leuchtturm, Travemünde

Die Hansestadt Lübeck kann man von Travemünde aus mit einem Schiff 4mal täglich erreichen. Die Fahrt auf der Trave dauert 1,5 Stunden.

# AUSFLUGSTIPPS

**Tourist-Information Travemünde**
Strandbahnhof, Bertlingstr. 21, 23570 Travemünde
04 51 - 8 89 97 00
info@travemuende-tourismus.de, www.travemuende-tourismus.de
Öffnungszeiten: Jan–Ostern Mo–Fr 10–17 Uhr, Ostern–Mai Mo–Fr 9.30–18 Uhr,Sa 10–15 Uhr, So + feiertags 11–15 Uhr, Juni–August Mo–Fr 9.30–18 Uhr, Sa 10–16 Uhr, So + feiertags 10–16 Uhr, Sept + Okt Mo–Fr 9.30–17 Uhr, Sa 10–15 Uhr, So + feiertags 11–15 Uhr, Nov + Dez Mo–Fr 10–17 Uhr, 25./26. und 31.12. 11–14 Uhr, Heiligabend und Neujahr geschlossen

**Aktivitäten:**
- Naturschutzgebiet südlicher Priwall an der Pötenitzer Wiek
- Dummersdorfer Ufer, Naturschutzgebiet, Travemünde
- Priwall Wanderweg
- Promenadenrundlauf, zwei Promenaden verbunden durch zwei Fähren – endloses Flanieren
- Hafen- und Ostseetörn, 1h, Travemünde
- Badestrand von dem nicht nur Naturfreunde, Hundebesitzer und FKK-Anhänger schwärmen, ursprünglicher Naturstrand mit sanften Dünen und angrenzendem Wäldchen, Priwall

- Ostermünde, Ostern, Travemünde
- Promenadenfest, Mai oder Juni, Travemünde
- Jazz Baltica, Jazz Festival, Juni, Timmendorfer Strand-Niendorf
- WindArt Travemünde, Kinetische Kunst, von Mai bis Oktober, Travemünde
- Musik am Meer/Lesungen im Park/Unbeschwert am Meer, Juni-August, Travemünde

- Travemünder Woche, Juli, Travemünde
- Strandfrühstück, Juli, Travemünde
- Kino unterm Ostseehimmel, August, Travemünde
- Seebadfest, September, Travemünde
- Lichterzauber, September, Travemünde
- Herbstdrachenfest, Oktober, Travemünde
- Fackelwanderungen, Dezember-März, Travemünde
- Heiligabend am Alten Leuchtturm, 24.12. ab 14 Uhr, Travemünde
- Neujahrsgarten, Dezember, Travemünde
- Silvester am Meer, Silvester, Travemünde

# VANILLE-MASCARPONE-SAHNETORTE MIT BEEREN

### BROWNIEBODEN:

185 g Butter
140 g Nougat, dunkel
140 g Kuvertüre, zartbitter
335 g Zucker
3 Eier
1 Eigelb
195 g Weizenmehl
5 g Backpulver
125 g Walnussbruch
105 g Mandeln, gestiftet

Butter, Nougat und Kuvertüre zusammen schmelzen. Wenn alles aufgelöst und gut gemischt ist, Zucker, Ei und Eigelb hinzugeben und gut vermengen. Mehl und Backpulver vermischen, auf die Schokoladenmasse sieben und unterrühren. Abschließend Nüsse und Mandeln hinzugeben. Teig in eine mit Backpapier ausgelegte 26-cm-Springform füllen und im vorgeheizten Backofen bei 180 °C Ober- und Unterhitze ca. 35–40 Minuten backen. Danach auskühlen lassen. Boden aus der Form lösen und das Backpapier entfernen. Falls vorhanden, den Boden in einen neuen Tortenring oder in eine Springform setzen.

### VANILLECREME:

240 ml Vollmilch
24 g Zucker
27 g Vanille-Puddingpulver
60 ml Vollmilch
2 Eigelb

240 ml Milch und Zucker zum Kochen bringen. Puddingpulver, Eigelb und die restliche Milch klumpenfrei vermischen. Wenn die Milch zu kochen beginnt, das Puddingpulvergemisch unter ständigem Rühren hinzugeben und erneut aufkochen lassen. Danach muss die Vanillecreme zur weiteren Verarbeitung abgekühlt sein.

### VANILLE-MASCARPONE CREME:

6 Blatt Gelatine
ca. 400 g gemischte Beeren
2 Eigelb
60 g Zucker
300 g Mascarpone, Zimmertemperatur
500 ml Schlagsahne, geschlagen, gekühlt

Gelatine in kaltem Wasser einweichen. Beeren falls nötig abspülen. Eigelb und Zucker aufschlagen. Mascarpone und die Vanillecreme hinzugeben und alles vorsichtig miteinander verrühren. Gelatine gut ausdrücken, kurz erwärmen und dabei verflüssigen. Anschließend zur Mascarpone-Eimasse geben und unterrühren. Gekühlte Schlagsahne unterziehen. Etwas Mascarpone-Sahne gleichmäßig auf dem Brownieboden verstreichen. Jetzt die Beeren einstreuen bis der Boden bedeckt ist. Die verbliebene Mascarpone-Sahne auf die Beeren geben und verstreichen. Wenn alles gleichmäßig verteilt ist, der Oberfläche mit den Fingern eine Struktur geben. Torte zum Anziehen in den Kühlschrank stellen. Danach den Ring lösen.

Mit süßem Schnee (Dekorpuder) oder Kakaopulver bestäuben und mit gezuckerten Johannisbeeren dekorieren.

# EISTERRINE
# SCHOKO-KIRSCH-MARACUJA

**VORBEREITUNG 1. TAG:**

750 ml Maracujasaft
600 g TK-Kirschen

Maracujasaft und Kirschen jeweils auf kleiner Hitze einreduzieren und danach abkühlen lassen. Beim Maracujasaft verbleiben 250 ml und bei den Kirschen etwa 300 g.
Bereiten Sie zwei kleine längliche Formen vor, die in die spätere 22 cm lange Terrinenform passen.

640 ml Schlagsahne
4 Eigelb
1 ½ Eier
140 g Zucker

Sahne steif schlagen und kalt stellen. Eigelb, Eier und Zucker zusammen in einer Schüssel schaumig schlagen. Die Sahne vorsichtig unterheben. Eimasse gleichmäßig auf zwei Schüsseln verteilen. 95 g Maracujasirup in die eine Schüssel und 150 g Kirschen in die zweite Schüssel. Alles vorsichtig untermischen. Maracuja- und Kirschmasse separat in die vorbereiteten länglichen Formen füllen. Reste einfrieren. Sollten Sie mit einer 26-cm-Springform arbeiten, füllen Sie die Kirschmasse in den Ring und verteilen es gleichmäßig. Darüber vorsichtig die Maracujamasse verteilen. Es sollte sich nicht vermischen. Längliche Formen oder Springform anschließend einfrieren.

**2. TAG:**
**CANACHE:**

120 ml Schlagsahne, flüssig
240 g zartbitter Kuvertüre, gehackt

Sahne aufkochen und von der Kochstelle nehmen. Die Kuvertüre in der heißen Sahne auflösen und vermischen. Danach abkühlen lassen.

**VORBEREITUNGEN:**

Die beiden länglichen Formen aus dem Froster nehmen, aneinander legen und wieder einfrieren. Für das Schokoladeneis eine 2 l Terrinenform mit Frischhaltefolie auslegen.

**SCHOKOLADENEIS:**

2 Eigelb
1 Ei
95 g Zucker
345 g Canache
400 ml Schlagsahne, geschlagen

Eigelb, Ei und Zucker zusammen schaumig schlagen. Canache darunter ziehen und zuletzt die Sahne unterheben. Einen Teil der Schokoladenmasse in die Terrinenform füllen. Den Kirsch-Maracujaziegel der Länge nach in die Form geben. Anschließend alles mit dem Rest der Schokoladenmasse bedecken und die Terrine oder Springform über Nacht einfrieren. Die Springform wird lediglich mit der Schokoladenmasse aufgefüllt. Nach Belieben kann man die Terrinenform mit einem dünnen Schokobiskuit abdecken. Mit Hilfe von etwas lauwarmem Wasser die Eisform aus der Terrine oder aus der Springform stürzen. Nach Herzenslust garnieren.

# ERDBEER-MINZ-SAHNETORTE

### ERDBEER-INLAY:

5 Blatt Gelatine
100 g Zucker
140 ml Wasser
35 ml Zitronensaft
625 g Erdbeeren, gewürfelt

Gelatine in kaltem Wasser einweichen. Zucker, Wasser und Zitronensaft aufkochen und von der Kochstelle nehmen. Gelatine ausdrücken und in den noch warmen Sud rühren. Anschließend die Erdbeerwürfel dazu geben. Die Mischung im Topf erkalten lassen. Wenn die Erdbeermasse anzuziehen beginnt, in einen mit Backpapier ausgeschlagenen 20-cm-Tortenring füllen und in den Kühlschrank stellen.

### BODEN:

180 ml Sonnenblumenöl
140 g Zucker
4 Eier
150 g Weizenmehl
20 g Kakaopulver
8 g Backpulver
60 g Erdnüsse, geröstet
80 g Sonnenblumenkerne, geröstet

Öl, Zucker und Eier miteinander verrühren. Mehl, Kakaopulver und Backpulver miteinander vermischen, darüber sieben und unterrühren. Erdnüsse und Sonnenblumenkerne unterziehen und die Masse in eine mit Backpapier ausgeschlagene 26-cm-Springform füllen. Im vorgeheizten Backofen bei 180 °C Ober- und Unterhitze ca. 20 Minuten backen. Danach auskühlen lassen.

### MINZSAHNE:

7 Blatt Gelatine
500 ml Schlagsahne, geschlagen
140 ml Minzsirup
95 ml Minzlikör
evtl. grüne Lebensmittelfarbe

Gelatine in kaltem Wasser einweichen. Unter ein Drittel der Sahne den Sirup und Likör mischen. Gelatine gut ausdrücken und im Topf oder in der Mikrowelle auflösen. Die flüssige Gelatine in die Minzsahne rühren und die verbliebenen zwei Drittel Sahne vorsichtig unterheben. Nach Geschmack wenige Tropfen Lebensmittelfarbe hinzugeben um der Torte etwas „Charisma" zu verleihen.
Den Tortenboden an der Oberfläche schön gerade schneiden und in eine saubere Form legen. Das im Kühlschrank gestockte Erdbeer-Inlay aus dem Ring befreien und mittig auf den Tortenboden legen. Minzsahne darauf füllen und glatt abstreichen. Anschließend zum Absteifen in den Kühlschrank stellen. Danach die Oberfläche mit Sahnetupfen dressieren und mit Erdbeeren belegen.

# HEIDELBEER-GRIESSSCHAUM-TORTE

### MOHNBISKUIT:

3 Eiweiß
120 g Zucker
3 Eigelb
26 ml Wasser
85 g Weizenmehl
3 g Backpulver

Eiweiß und Zucker zu Eischnee schlagen. Eigelb und Wasser vermischen, Mehl und Backpulver versieben und alles zusammen mit dem Mohn zu dem Eischnee geben. Vorsichtig vermengen und in eine mit Backpapier ausgelegte 26-cm-Springform füllen. Im vorgeheizten Backofen bei 180 °C Ober- und Unterhitze ca. 25 Minuten backen. Danach auskühlen lassen. Boden aus der Form lösen, Backpapier entfernen und die Oberfläche glatt abschneiden. Anschließend in einen neuen Tortenring oder eine Springform setzen.

### HEIDELBEERSAHNE:

300 g TK-Heidelbeeren
etwas Maisstärke
6 Blatt Gelatine
30 g Zucker
2 Eigelb
20 ml Zitronensaft
250 ml Schlagsahne, geschlagen

TK-Heidelbeeren kurz aufkochen und mit etwas Maisstärke andicken. Danach abkühlen lassen. Gelatine in kaltem Wasser einweichen. Zucker und Eigelb miteinander aufschlagen. Heidelbeerkompott und Zitronensaft dazu geben und mit einem Schneebesen verrühren. Gelatine ausdrücken und erwärmen bis sie flüssig ist. Anschließend in das Heidelbeer-Ei-Gemisch geben und unterrühren. Die gekühlte, geschlagene Sahne vorsichtig unterheben. Heidelbeersahne auf den Mohnboden geben und verstreichen.

### GRIESSSCHAUM:

3 Blatt Gelatine
150 ml Milch
1 Eigelb
20 g Grieß
Mark 1 Vanilleschote
1 Prise Salz
1 Eiweiß
30 g Zucker
200 ml Schlagsahne, geschlagen, gekühlt
1 Pck. Tortenguss
Kirsch- oder Fliederbeersaft

Gelatine in kaltem Wasser einweichen. Etwas Milch mit dem Eigelb und dem Grieß vermischen. Restliche Milch, Vanillemark und Salz zum Kochen bringen und mit dem Eigelb-Grieß-Gemisch wie eine Vanillecreme abbinden. Erneut aufkochen. Gelatine gut ausdrücken und in die noch warme Grießcreme rühren. Danach abkühlen lassen. Eiweiß und Zucker steif schlagen. Eischnee und gekühlte Sahne vorsichtig unter die Grießcreme heben. Grießschaum auf die Heidelbeersahne geben, dabei die Oberfläche uneben lassen. Tortenguss mit Saft nach Packungsanweisung zubereiten und die Oberfläche damit abglänzen. Zur Deko noch ein paar Heidelbeeren auf der Torte verteilen und kalt stellen.

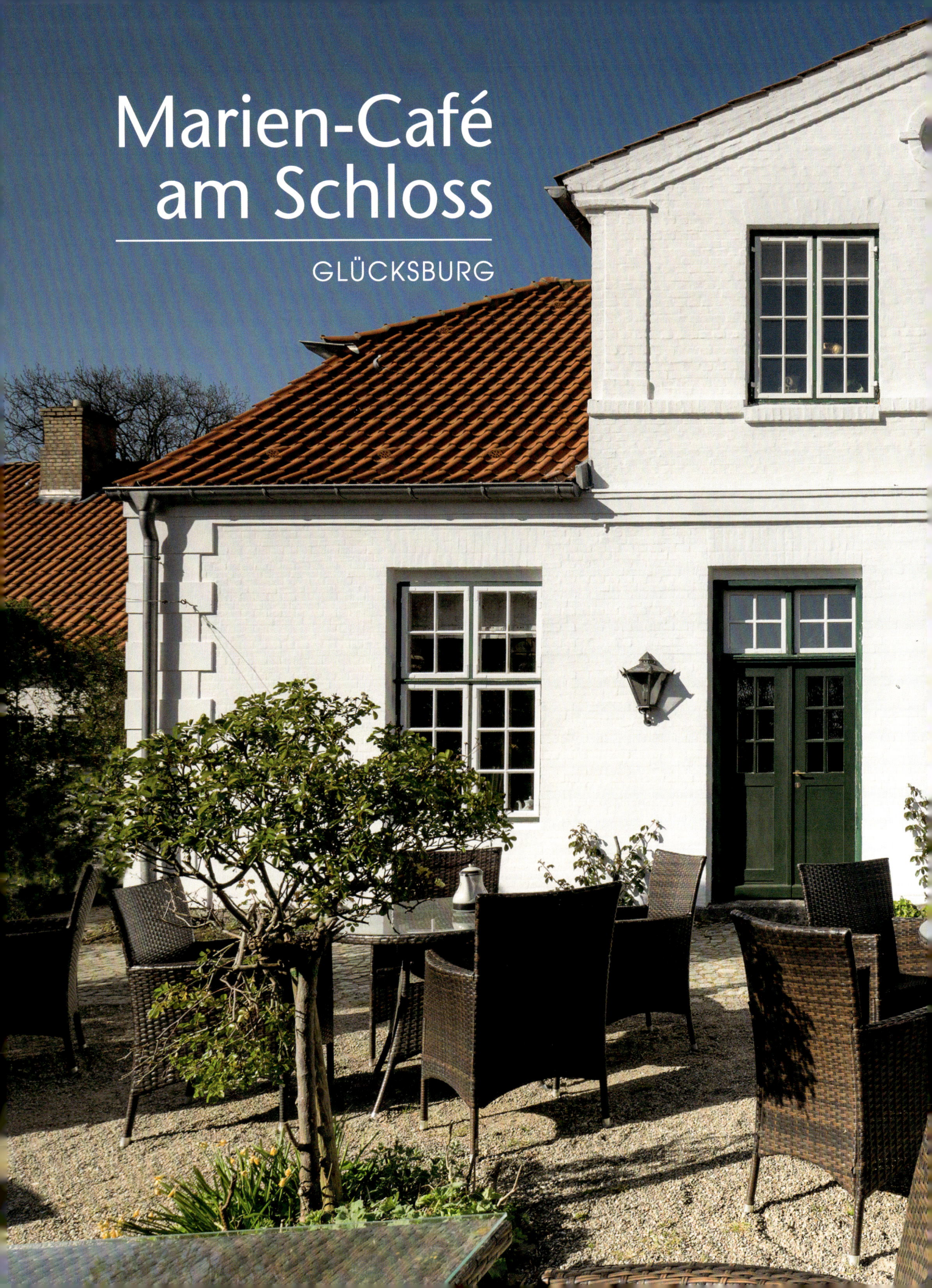

# Marien-Café
# am Schloss

GLÜCKSBURG

Das „Marien-Café am Schloss" liegt malerisch am Glücksburger Schloss auf der Halbinsel Angeln in der nördlichsten Stadt Deutschlands in Glücksburg.

Die Betreiberin Kerstin Meurer ist ein alter Hase in der Gastronomie. Die gebürtige Schleswigerin konnte sich bereits 2007 ihren Lebenstraum erfüllen und das weit über die Grenzen Schleswig-Holsteins bekannte Marien-Café, das Café der 1000 Kannen, in Flensburg eröffnen.

Schnell wurde der NDR auf sie aufmerksam und besuchte sie mit dem Team der Fernsehsendung „Mein Nachmittag".

Als Kerstin 2018 angeboten wurde, das Café am Schloss Glücksburg zu übernehmen, ergriff sie die Gelegenheit, und bereits im Frühjahr 2019 eröffnete sie die kleine Schwester, das „Marien-Café am Schloss". Auch hier dürfen natürlich die legendären Kaffekannen nicht fehlen, jede von ihnen erzählt eine eigene Geschichte. Sie prägen das Ambiente des ganzen Cafés, das schon zu einer Institution in Glücksburg geworden ist, und das liegt vor allem auch an der Hingabe, mit der Kerstin ihr Herzensprojekt betreibt.

In dieser einzigartigen Atmosphäre wird man mit einer umfangreichen Auswahl an Torten und Kuchen nach allen Regeln der Kunst verwöhnt.

Unter den Torten ist das besondere Highlight die Kaffee-Whisky-Torte. Aber Kerstin pflegt auch traditionelle Rezepte, und so findet man bei ihr einen Rehrücken sowie Oma Gelis Brandteigstreifen nach einem alten Familienrezept.

Kerstin Meurer und ihr herzliches Team kümmern sich liebevoll um ihre Gäste und versuchen, ihnen jeden Wunsch von den Augen abzulesen.

Ab 8 Uhr wird im Marien-Café am Schloss ein opulentes Frühstück serviert und man kann sich mal so richtig betüdeln lassen. Auf drehbaren Servierplatten werden ausgewählte Köstlichkeiten kunstvoll angerichtet.

## Sehenswürdigkeiten

- Schloss Glücksburg, Spielstätte des Schleswig-Holstein Musik Festivals, Glücksburg
- Menke-Planetarium, Glücksburg
- Waldmuseum, Glücksburg
- artefact Powerpark, Glücksburg
- Museumshafen, Flensburg
- Kapitänsweg: Rundweg durch die Flensburger Altstadt – auch: Rum & Zucker-Meile
- Rum-Manufakturen, Führungen und Tastings, Flensburg
- Schifffahrtsmuseum, Flensburg
- Nordertor, Flensburg
- Museumsberg, Flensburg
- Flensburger Brauerei, Flensburg
- Science-Center Phänomenta, Flensburg

**Tourist-Information Glücksburg**
Schinderdam 5
24960 Glücksburg
Tel.: 0 46 31 - 45 11 00
Fax: 0 46 31 - 45 18 00
info@flensburger-foerde.de
www.flensburger-foerde.de
Öffnungszeiten:
Nov–März, Mo–Fr, 9–17 Uhr
April, Mo–Fr, 9–18 Uhr
Mai–Sept, Mo–Fr, 9–18 Uhr, Sa, So und feiertags 10–14 Uhr
Oktober Mo–Fr, 9–17 Uhr, Sa, So und feiertags, 10–14 Uhr

**Tourist-Information Flensburg**
Nikolaistraße 8
24937 Flensburg
Tel.: 04 61 - 9 09 09 20
Fax: 04 61 - 9 09 09 36
info@flensburger-foerde.de
www.flensburger-foerde.de
Öffnungszeiten: Mo–Fr, 9–18 Uhr Sa, 10–14 Uhr

## Aktivitäten

- Erlebnisbad und Wellnesszentrum „Fördeland Therme", Glücksburg
- Campusbad, Flensburg
- Rad und Wanderwege, zu Fuß oder per Rad die Förde erleben: u.a. Fördesteig, Ostseeküstenradweg, Gendarmenpfad
- Schiffstouren ab Flensburg, die Förde erkunden, Charter- und Rundfahrten: u.a. Salondampfer Alexandra, M/S Viking und MS Flora II (weitere ab Langballigau)
- Stand Up Paddling (BayStation Wassersleben und Wassersport Holnis)

## Veranstaltungen

- Flensburger Fischmarkt, einmal monatlich, Flensburg
- Osterfeuer in Flensburg und auf Holnis

- folkBALTICA Flensburg, April/ Mai
- Rumregatta Flensburg, Himmelfahrt
- „Flensburg liebt dich"- Marathon, Juni
- Flensburger Orgelsommer, St. Nikolai und St. Marien, Juni bis August, Flensburg
- Flensburger Hofkultur, Juli bis August, Flensburg
- OstseeMan Triathlon, August, Glücksburg
- DLRG-Fördecrossing, Schwimmwettbewerb von Sønderhav (Dänemark) bis Glücksburg, Sommer
- Unewatter Landmarkt, Museumsdorf Unewatt, Oktober
- Deutsch-dänische Apfelfahrt an der Flensburger Förde, Oktober
- Märchenweihnacht auf Schloss Glücksburg
- Flensburger Weihnachtsmarkt, November/Dezember

# KAFFEE-WHISKY-TORTE

### BISKUIT:

6 Eigelb
100 g Zucker
3 EL Wasser
6 Eiweiß
75 g Speisestärke
3 EL Kakaopulver
1 TL Backpulver

Eigelb mit Zucker und Wasser sehr cremig schlagen. Eiweiß ebenfalls aufschlagen. Hat es genug Volumen angenommen, dieses unter die cremige Eigelbmasse heben. Speisestärke mit dem Kakao und Backpulver sieben und ebenfalls unterheben. Den Teig in eine gefettete und bemehlte 20-cm-Springform füllen und im vorgeheizten Backofen bei 180 °C ca. 35 Minuten backen. Danach auskühlen lassen und waagerecht zweimal durchschneiden.

### FÜLLUNG:

900 ml Schlagsahne
2 Pck. Sahnesteif
2–3 EL Whisky
2–3 EL Instant Kaffeepulver
1 EL Zucker

flüssige Kuvertüre für die Garnitur

Sahne mit Sahnesteif steif schlagen. 2–3 EL Whisky, Kaffeepulver und Zucker hinzufügen.
Die Hälfte der Whisky-Kaffee-Sahne auf dem unteren Schokoladen-Biskuitboden verteilen. Hierfür muss die Sahne nicht glatt gestrichen werden, da der „Naked Cake" zum Schluss ruhig ungerade aussehen darf. Mit dem zweiten Boden belegen und den Rest der Whisky-Kaffee-Sahne darauf verteilen. Den dritten Boden als Deckel darauf legen.
Kuvertüre im Wasserbad verflüssigen und den Deckel der Torte damit bestreichen und abkühlen lassen. Abschließend nach Herzenslust dekorieren.

# AVOCADO-FRISCHKÄSE-TORTE

### BODEN:

200 g Butterkekse
125 g Butter
2 EL Kakaopulver
1 EL Zucker

Kekse in einen Gefrierbeutel geben, mit einer Teigrolle zerkrümeln oder in einer Küchenmaschine zerkleinern. Butter schmelzen und mit den Kekskrümeln, Kakaopulver und Zucker vermischen. Die Masse in eine mit Backpapier ausgelegte 26-cm-Springform geben und gleichmäßig andrücken. Mindestens 30 Minuten kalt stellen.

### BELAG:

5 Blatt Gelatine
400 g Frischkäse
120 g Zucker
2 Limetten, unbehandelt
2 große reife Avocados
250 ml Schlagsahne

Gelatine in kaltem Wasser einweichen. Frischkäse mit Zucker, Saft und Abrieb der Limetten verrühren. Avocados schälen und vom Kern befreien. Anschließend in grobe Stücke Schneiden, unter die Frischkäsemasse geben und mit dem Handrührgerät verquirlen. Sahne steif schlagen. Gelatine gut ausdrücken und in einem Topf bei geringer Hitze auflösen. Etwa 2–3 EL Frischkäsemasse zur Gelatine geben und gut verrühren, damit sich die Temperaturen der beiden Massen angleichen. Gelatine in die Frischkäsemasse rühren und ganz zum Schluss die geschlagene Sahne unterheben. Die Masse auf dem Tortenboden verteilen und für mindestens 2–3 Stunden kühl stellen. Nach Lust und Laune dekorieren.

# REHRÜCKEN

4 Eier, getrennt
140 g Butter
140 g Zucker
1 Pck. Vanillezucker
70 g geriebene Walnüsse
70 g geschmolzene Schokolade
100 g Mehl
½ Pck. Backpulver
3 EL Milch

Das Eiweiß zu Eischnee schlagen und zur Seite stellen. Butter mit dem Zucker, Vanillezucker und dem Eigelb schaumig rühren. Walnüsse und geschmolzene Schokolade hinzugeben und einrühren. Mehl mit dem Backpulver vermengen und gemeinsam mit der Milch zu den Zutaten geben und verrühren. Zuletzt den Eischnee vorsichtig unterheben. Den Teig in eine gut ausgefettete Rehrückenform füllen und im vorgeheizten Backofen bei 180 °C Ober- und Unterhitze ca. 45 Minuten backen.

**GLASUR:**

200 g Zartbitter-Kuvertüre
60 g Mandelstifte

Danach auskühlen lassen, aus der Form stürzen und mit der flüssigen Zartbitter-Kuvertüre überziehen. Anschließend mit Mandelstiften spicken.

# OMA GELIS BRANDTEIGSTREIFEN

¼ l Milch
250 g Margarine
250 g Mehl
4 Eier
1 Msp. Backpulver
gehobelte Mandelblättchen
Puderzucker
Zitronensaft

Milch langsam erhitzen, Margarine darin auflösen. Mit dem Mehl abbrennen, dabei stetig mit einem Holzlöffel rühren, bis sich eine große geschmeidige Teigmasse ergibt. Jetzt jedes Ei einzeln unter die Teigmasse rühren und das Backpulver dazugeben. Den Teig gut vermengen und ein wenig abkühlen lassen. Die Teigmasse je nach beliebiger Größe als Streifen auf einem mit Backpapier belegten Backblech verteilen und mit Mandelblättchen bestreuen. Im vorgeheizten Backofen bei 180 °C 20 Minuten backen. Solange der Streifen noch warm ist, etwas Puderzucker mit Zitronensaft glatt rühren und je nach Geschmack über den Brandteig verteilen. Danach abkühlen lassen.

## COVERTORTE
# SCHOKOLADEN-ERDBEER-TORTE

### BISKUIT:

| | |
|---|---|
| 6 Eigelb | |
| 100 g Zucker | |
| 3 EL Wasser | |
| 6 Eiweiß | |
| 75 g Speisestärke | |
| 3 EL Kakaopulver | |
| 1 TL Backpulver | |

Eigelb mit Zucker und Wasser sehr cremig schlagen. Eiweiß steif schlagen und unter die cremige Eigelbmasse heben. Speisestärke mit dem Kakao und Backpulver sieben und ebenfalls unterheben. Den Teig in eine gefettete und bemehlte 20-cm-Springform füllen und im vorgeheizten Backofen bei 180 °C ca. 35 Minuten backen. Danach auskühlen lassen und waagerecht zweimal durchschneiden.

### FÜLLUNG:

900 ml Schlagsahne
2 Pck. Sahnesteif
4 geh. EL Kakaopulver
800 g frische Erdbeeren, geputzt und klein geschnitten

Sahne mit Sahnesteif steif schlagen und den Kakao unterheben. Die Hälfte der Erdbeeren auf dem unteren Boden verteilen. Danach die Hälfte der Schokoladen-Sahne darauf geben. Hier muss die Sahne nicht glatt gestrichen werden. Der „Naked Cake" darf zum Schluss ruhig ungerade aussehen. Mit dem zweiten Boden belegen und darauf den Rest der Erdbeeren und Schokoladensahne unregelmäßig verteilen. Den dritten Boden als Deckel darauf legen.

### GARNITUR:

flüssige Kuvertüre
viel frisches Obst

Kuvertüre im Wasserbad verflüssigen und den Deckel der Torte damit bestreichen. Danach abkühlen lassen. Anschließend nach Herzenslust mit frischem Obst und Blüten dekorieren.

## Prinzenstube

Café und Restaurant
Frank Weidner und Sven Schumacher
Prinzenstr. 24
25840 Friedrichstadt
Tel.: 0 48 81 - 9 37 56 56
Facebook-Suchbegriff: Prinzenstube

Öffnungszeiten:
Mitte Februar–Ende Oktober
von 11–18 Uhr

35 Innenplätze, 36 Außenplätze

Hunde erlaubt

Frühstück nach Anmeldung.
Lassen Sie sich vom barocken Ambiente verzaubern und genießen Sie Kuchen und Torten aus eigener Herstellung und nach alten Familienrezepten, frische Waffeln und verschiedene Eisbecher.
Kaffee- und Teespezialitäten, alkoholfreie Getränke sowie eine Auswahl an alkoholischen Getränken.
Kosten Sie die saisonalen sowie traditionellen Heimatgerichte.

## Goldmarie am See

Jan-Hendrik Stahlberg
Grosse Seestrasse 18
23795 Bad Segeberg
Tel. 0 45 51 - 9 08 44 57
www.goldmarieamsee.de

Öffnungszeiten:
In den Sommermonaten 9.30–18 Uhr,
in den Wintermonaten 9.30–17 Uhr

Behinderten-WC und barrierefreier Zugang.
Hunde erlaubt.
Kinderspielecke & Wickeltisch.
Feiern gerne nach Vereinbarung.
Das Café liegt in traumhafter Uferlage, direkt am Segeberger See.
Die Goldmarie lädt zum Verweilen und Auftanken zu jeder Tageszeit für Groß & Klein ein – im denkmalgeschützten Altbau ist es gemütlich und verwinkelt, im verglasten Neubau dagegen blickt man über den gesamten See und kann bei gutem Wetter die Terrasse in vollen Zügen geniessen.

Von 9.30–11.30 Uhr kann man aus Frühstücksangeboten auswählen.
Ab 12 Uhr gibt es dann kleine Gerichte/herzhafte Snacks, sowie unterhalb der Woche von 12–14 Uhr einen Mittagstisch.
Kaffee, Kuchen & Eis sind natürlich immer im Angebot und erfreuen sich großer Beliebtheit.
Hier wird auf Qualität geachtet – das Café arbeitet mit regionalen Lieferanten zusammen, die Kuchen sind ausschließlich selbst gebacken und das Angebot variiert je nach Jahreszeit.
Geniessen Sie eine kleine Auszeit vom Alltag.

## Café Agnes

Agnieszka und Zenon Ringwelska
Kieler Str. 31
24594 Hohenwestedt
Tel.: 0 48 71 - 7 63 01 24
Mobil: 01 52 - 4 32 98 63
E-Mail: cafeagnes1@gmail.com
www.cafe-agnes.de

Öffnungszeiten:
Di–So 9–17 Uhr

45 Innenplätze, 8 Außenplätze

Ein barrierefreier Zugang ist vorhanden mit einem großen Parkplatz für alle.
Ab 9 Uhr ausgiebiges Frühstück mit leckeren hausgemachten Kreationen.
Möchte man jemanden mit einer tollen Torte eine Freude bereiten, dann ist man im Café Agnes genau richtig!
Das selbstgemachte Sortiment sieht nicht nur gut aus, sondern schmeckt auch so.
Auch Gäste die unter einer Gluten-Unverträglichkeit leiden, können im Café Agnes bedenkenlos schlemmen.
In gemütlichem Ambiente wird man mit einem köstlichen Stück Kuchen oder Torte und einer guten Tasse Kaffee verwöhnt.
Lehnen Sie sich zurück, nehmen Sie sich Zeit für Gespräche, es wird für Ihr Wohl und das Wohl Ihrer Freunde gesorgt. Familien-, Geburtstags- und Betriebsfeiern bis 45 Personen werden nach Ihren Wünschen gestaltet.

## Landhaus Gut Oehe

Café & Bistro
Gut Oehe
Oehe 1a
24404 Maasholm
0 46 42 - 9 24 87 00
www.landhaus-oehe.de
Email: info@landhaus-oehe.de

Öffnungszeiten:
Saison (April–Nov.): Di–So 11–19 Uhr
Öffnungszeiten Vor- und Nachsaison: siehe Homepage
24.–26.12., 31.12. geschlossen
an Ostern, Himmelfahrt, Pfingsten, Neujahr geöffnet

35 Innenplätze, 40 Plätze Außenplätze

Kuchen, Torten aus eigener Herstellung.
Vielfältige Lunch- und Abendbrotkarte.
Kulinarische Events verteilt über das gesamte Jahr, z.B. Krebsessen, Muschelessen, Grillveranstaltung, Wild-Barbecue, Fondue-Abende, Wine & Dine etc.
Gesellschaften und private Feierlichkeiten nach Absprache möglich.
Hofshop direkt am Café & Bistro.
Café & Bistro im historischen Pferdestall auf wunderschönem Gutshof gelegen, direkt an der Ostsee zwischen Kiel und Flensburg, auf idyllischer Halbinsel Gut Oehe/Maasholm.
Große Terrasse mit Strandkörben, Spielplatz, Holztische mit gemütlichen Stühlen, Hofshop, weitläufiger Gutspark und Blick auf das Gutshaus. Auch Hunde sind willkommen.
Auf dem Hof: 20 Ferienwohnungen in ehemaligen Stallgebäuden mit größtenteils direktem Ostseeblick.

## Liten Norrland

Café & Schönes
Beatrix Vieweg
Dorfstr. 12b
25761 Westerdeichstrich
Tel: 0 48 34 - 9 62 81 27
www.liten-norrland.de
info@liten-norrland.de
Facebook-Suchbegriff: littennorrland
Instagram-Suchbegriff: liten_norrland

Öffnungszeiten:
Die aktuellen Öffnungszeiten entnehmen Sie bitte der Homepage.

24 Innenplätze, 20 Aussenplätze

Gemütlich-hyggeliges Café mit liebevoller Auswahl hausgemachter schwedisch-nordischer Kuchen- und Tortenspezialitäten. Bea, die ausgebildete Barista, zaubert neben Kuchen auch leckere Kaffeespezialitäten. Holen Sie sich ein Stück Skandinavien nach Hause! Zum Dekorieren und Verschenken findet man im Liten Norrland Schönes und Handgemachtes.
Im Sommer kann man im Garten vor dem Schwedenhaus die Zeit genießen … vielleicht mit Kaffee und Kanelbullar? Termine kleinerer Veranstaltungen sowie den Skandinavischen Weihnachtsmarkt finden Sie ebenso wie Sonderöffnungszeiten auf der Internetseite.

## Café Tilda

Inh. Martina Rughase und
Regina Niedermeier
Kirchenbleeck 7
24576 Bad Bramstedt
Tel.: 0 41 92/8 96 94 07
E-Mail: cafe.tilda@web.de
Facebook-Suchbegriff: Café Tilda
Instagram-Suchbegriff: cafetilda_

Öffnungszeiten:
Mi–So 9–18 Uhr
Ruhetage: Montag & Dienstag

25 Innenplätze, 6 Außenplätze

Täglich Frühstück und ständig wechselndes Angebot an selbstgebackenen Kuchen, Torten, Keksen, Marmeladen sowie kleine Mittags-Snacks.
Gesellschaften nach Absprache.
Festlichkeiten und Feiern sind nach Absprache jederzeit möglich.
Kuchen & Torten außer Haus.
ganze Torten nach Wahl auf Bestellung.
Barrierefreier Zugang.
Hunde erlaubt

## Obstcafé Gut Warleberg

Jan Henrik Buchenau
Gut Warleberg
24214 Neuwittenbek
Tel.: 0 43 46 - 70 77
E-Mail: info@warleberg.de
Google-Suchbegriff: Obstcafé Warleberg
Facebook-Suchbegriff: Gut Warleberg

Öffnungszeiten:
Saisonbetrieb: Beginn spätestens 1.5., Ende 3.10., Zu Beginn der Saison nur Freitag bis Sonntag und an Feiertagen geöffnet. Mit Beginn der Erdbeersaison täglich von 13–18 Uhr geöffnet

Bis zu 40 überdachte Plätze, bis zu 150 Außenplätze

Täglich frische Obstkuchen.
Erdbeeren, Himbeeren, Sauerkirschen, Heidelbeeren, Äpfel und Pflaumen zum Selbstpflücken.
Das Obstcafé liegt inmitten der Kirschbäume mit Ausblick auf den Nord-Ostsee-Kanal.
Kinder können sich auf dem Hüpfkissen amüsieren.
Das Café ist direkt vom Nord-Ostsee-Kanal erreichbar.

## Gartencafé

Frauke Köster
Hauptstr. 34–36
25764 Süderdeich
Tel.: 0 48 33 - 42 59 99
www.gartencafe.info

Öffnungszeiten:
Juni–Okt.: täglich geöffnet von 13–18 Uhr
Nov.–Mai: Do–Mo 13–18 Uhr
Di u. Mi: Ruhetag
An Oster- und Weihnachtstagen ist durchgehend geöffnet

## HerzhaftSüß & Mee(h)r

Peter Grundmann
Luzy Carstensen
Carsten Carstensen
Alte Werft 48
23570 Lübeck-Travemünde (Priwall)
Tel.: 0 45 02 - 78 79 93 1

E-Mail: herzhaftsuess@gmx.de
Facebook- & Google-Suchbegriff: HerzhaftSüß & Mee-h-r

Öffnungszeiten:
ab 7 Uhr frische Brötchen, Brote und Torten, 8–10.30 Uhr Frühstück, 12–20 Uhr warme Küche
mittwochs Ruhetag

bis zu 50 Innenplätze, bis zu 60 Außenplätze

Regionale Küche mit Schwerpunkt auf Steaks und Burger, täglich wechselndes Kuchen- und Tortensortiment sowie täglich frische Brötchen und Frühstück in den Morgenstunden.
Außerdem gibt es zusätzlich ein günstiges Mittagsmenü von Montag bis Freitag.
Das Lokal ist direkt an der Trave gelegen und bietet 20–80 Personen die Möglichkeit für Hochzeiten, Jubiläen, Geburtstage, Seminare, Firmenfeiern, etc.
Das Lokal ist barrierefrei erreichbar.

## Marien-Café am Schloss

Kaffeekannen Café
Am Schlosspark 2a
24960 Glücksburg
0 46 31 - 44 27 1 11
www.marien-cafe-flensburg.de
E-Mail: gluecksburg@marien-cafe.com

Öffnungszeiten:
Mo–So 8–18 Uhr

55 Plätze Innenplätze, 50 Außenplätze

Alle Weihnachtstage, Silvester und Neujahr geschlossen.
Ausstellung von gesammelten Tee- und Kaffeekannen unterschiedlicher Epochen.
Vielfältige Frühstückskarte.
Kuchen, Torten, Gebäck und Marmeladen aus eigener Herstellung.
Gesellschaften nach Absprache.
Das Café liegt am Rande des Schlossparks und öffentliche Parkplätze befinden sich rund um den Schlosspark und des Glücksburger Schlosses.

**MARION KIESEWETTER** Schauspielerin und Moderatorin, in Hamburg geboren, wurde als Köchin durch die TV-Sendungen „Bi uns to Hus", „Sonntagskonzert" und Johannes B. Kerners Kochsendung bekannt. Autorin der Koch- und Backbücher „Eine Sünde wert", „Kann denn Süßes Sünde sein?", „Nur Süßes im Sinn", „Süße Augenblicke", „Süßes für die Seele", „Auf die süße Tour", „…aber süß muss es sein!", „Hier gibt's Süßes", „Süß und verführerisch", „Süßes zum Anbeißen", „Süße Seelentröster", „Lust auf Frühstück", „Frühstück auf dem Lande", „Winterlich Süßes", „Sahnestücke", „Kohl", „Das isst der Norden", „Aufgefischt (Nord- und Ostsee)", „Fürstliche Menüs" (Schleswig-Holstein – Niedersachsen – Mecklenburg-Vorpommern), „Obst aus norddeutschen Gärten", „Auf Krabbenfang", „Salatexpress", „Das trinkt man an der Waterkant", „So kochen wir" und „So schmeckt's".

**KATHRIN KIESEWETTER** aufgewachsen im wunderschönen Schleswig-Holstein direkt an der Nordsee, wohnhaft in Hamburg, ist Musikverlegerin und Hobbyköchin. Schon als Teenager backte und kochte sie fast täglich, holte sich Rat von Oma und Mama Marion und wagte sich schon sehr früh an komplizierte Rezepte. Heute entwickelt sie viele davon selbst, und gesunde und moderne Ernährung steht dabei meist im Vordergrund.

**RENÉ KÜHL** 1969 in Hamburg geboren. Er entwickelte schon als Kind, durch viele Reisen mit seinen Eltern, die Sensibilität für fremde Länder und ihre Kulturen. Dieses kam ihm später beruflich sehr zugute. Bevor er sich für seinen endgültigen Beruf entschied, probierte er sich in vielen Berufssparten aus. Mit viel Interesse schnupperte er in eine Möbeltischlerei, erprobte sein Talent bei einem Restaurator für alte Möbel, und auch die Gastronomie hatte er sich angeschaut. Aber schnell stand fest, Fotografie und Bildgestaltung sind sein Leben. Diesen wunderbaren Beruf betreibt er nun seit 20 Jahren sehr erfolgreich und mit großer Leidenschaft. Seine Fotos sind wahre Kunstwerke und eine echte Bereicherung.

Man nehme: Die erfahrenste Kochbuch-Autorin Norddeutschlands, Marion Kiesewetter, und ihre kochbegeisterte Tochter, Kathrin Kiesewetter – dazu gesunde Zutaten und frische Ideen auf Grundlage der ganz persönlichen Kiesewetter-Familienkladde – alles gut vermischen und mit viel Liebe und Leidenschaft garnieren, und heraus kommen Bücher für Menschen, die gerne ihre Lieben mit gutem Essen verwöhnen, am liebsten zu Hause genießen und ihren Familien und Freunden immer wieder gerne kulinarische Freuden bereiten.

ISBN 978-3-8042-1464-4

ISBN 978-3-8042-1502-3